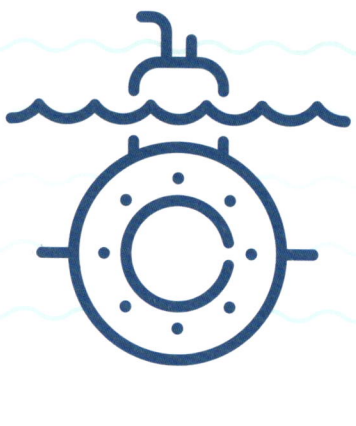

여성 해양학자 실비아 얼의 생각

바다를 존중하세요

Original title: La signora degli abissi – Sylvia Earle si racconta
Text by Chiara Carminati
Illustrations by Mariachiara Di Giorgio

©2017 Editoriale Scienza S.r.l., Firenze-Trieste
www.editorialescienza.it
www.giunti.it

All rights reserved.
Korean translation ©2018 BookInFish

이 책의 한국어판 저작권은 Icarias Agency를 통해 Editoriale Scienza S.r.l.과
독점 계약한 책속물고기에 있습니다.
저작권법에 의하여 한국 내에서 보호를 받는 저작물이므로 무단 전재와 무단 복제를 금합니다.

여성 해양학자 실비아 얼의 생각

바다를 존중하세요

키아라 카르미나티 글 | 마리아키아라 디조르조 그림 | 김현주 옮김 | 이은희(과학 커뮤니케이터) 추천

책속물고기

추천하는 글

탐험하는 과학자를 꿈꾼다면, 실비아 얼처럼!

　인류는 아주 오래전부터 미지의 세계를 꿈꾸었어요. '저 하늘 너머에는 무엇이 있을까?'라는 간절한 호기심은 우주선을 만들어 달에 발을 디디게 했고, 화성의 표면에 로봇을 내려 주었으며, 지구에서 수십억 킬로미터나 떨어져 있는 명왕성의 하트 무늬가 무엇인지도 밝혀냈지요. 이제는 잠깐 눈길을 아래로 돌려 봐요. 지구에도 우주처럼 우리 인류가 아직 제대로 탐험하지 못한 곳들이 있어요. 그중 하나가 지구 표면의 3분의 2를 차지하고 있는 바다랍니다. 바다는 지구 생명이 최초로 태어난 곳이면서 더불어 지구에서 가장 많은 생명체들이 사는 곳이에요. 그런 바다의 매력을 누구보다 먼저 알아차리고, 바다로 뛰어든 멋진 인물이 있어요. 바로 '실비아 얼'이지요.

　물론 실비아 얼이 바다를 탐험했던 과정은 쉽지 않았어요. 가장 큰 문제는 사람은 물속에서 숨을 쉴 수 없다는 것이었지요. 바다에 더 깊이 더 오래 머물려면, 목숨을 걸어야 할 만큼 위험했어요. 하지만 오랜 세월 쉴 새 없이 부딪쳐서 바위에 구멍을 내는 물결처럼, 사람들은 쉬지 않고 노력해서 바닷속에서

숨 쉬며 살아가는 방법을 하나하나씩 찾아냈지요. 그 흐름에 맞춰 실비아 얼은 잠수복을 입고, 공기통을 메고, 잠수함을 타고, 바닷속을 누볐어요. 그런데 이번에는 다른 방해물이 나타났지요. 바다는 사람인 실비아 얼의 숨을 방해했지만, 사회는 여자인 실비아 얼의 꿈을 방해했대요. 사람들은 여자는 남자보다 작고 힘이 약해서 거친 바다에는 어울리지 않는다고 생각했어요. 하지만 실비아 얼은 묵묵히 바닷속으로 한 걸음 한 걸음 나아갔고, 여자도 충분히 해낼 수 있다는 것을 직접 보여 주었지요.

 오늘도 실비아 얼은 전 세계 바다를 건너고 있어요. 이제는 잠수함 대신 비행기를 타고 온 세상을 돌아다니며 바다의 아름다움과 중요성을 더 많은 사람들에게 알리고, 바다를 지키기 위해 앞장서고 있지요.

 한 번도 가본 적이 없는 세상을 상상하면서 꿈꾸었던 적이 있나요? 아직은 너무 어리고 약해서 아무것도 할 수 없을 거라고 생각하나요? 그렇다면 여러분보다 먼저 꿈을 꾸고 이루어 냈던 실비아 얼의 이야기를 한번 들어 봐요. 그 아름답고 눈부신 꿈을, 그 열정적이고 충실한 자신감을 느껴 봐요.

— 과학 커뮤니케이터 **이은희**

차 례

추천하는 글 04	# 첫 번째 장면 꼬마 연구자가 바라보는 자연 09	# 두 번째 장면 바다에 빠지다 17
# 세 번째 장면 나의 첫 번째 잠수복 31		# 네 번째 장면 과학은 탐험이다 39
# 다섯 번째 장면 더 깊이 더 오래, 언제나 도전 47	# 여섯 번째 장면 여성 과학자로만 이루어진 연구팀 57	# 일곱 번째 장면 바다의 대변인 65

여덟 번째 장면
고래와 눈을 맞추다
71

아홉 번째 장면
심해에 첫 발자국을 남기다

81

열 번째 장면
과학자에서 환경운동가로
91

열한 번째 장면
우리의 바다를 지키자

99

부록 장면 밖 이야기
★ 실비아 얼을 만나다
★ 10가지 과학 키워드로 보는 실비아 얼의 삶
103

일러두기

인물의 생각과 가치관을 잘 전달하기 위해 다큐멘터리 형식에 맞춰 원서의 일부 내용을 다듬고 새롭게 구성하였습니다.

1

첫 번째 장면

꼬마 연구자가 바라보는 자연

"메뚜기의 움직임부터
수많은 나뭇잎들의 잎맥과
무당벌레 등에 있는 반점 모양까지
모든 것을 관찰하고
눈에 띄는 것은 다 기록했어요."

나는 언제나 물이 좋았어요.

비가 오면 옷이 젖고 밖에서 하던 일을 멈추게 되어 비를 귀찮아하는 사람들이 많아요. 하지만 시골에 사는 사람들은 물이 얼마나 소중한지 알기 때문에 비를 축복처럼 여기며 빗물을 받아 놓는답니다.

시골에서 나고 자란 부모님도 마찬가지였어요. 부모님 덕분에 나도 자연스럽게 물을 소중하게 여기며 자랐지요.

우리 가족은 내가 세 살이던 1938년에 뉴저지주 폴스보로 근처에 있는 농장으로 이사왔어요.

농장은 아름다웠어요. 연못과 시내가 있고, 채소와 과일이 자라고, 숲과 들판이 펼쳐진 곳이었지요.

무엇보다 농장에서는 비를 가까이 느낄 수 있어서 좋았어요. 비는 버드나무를 빗질해 주고, 포도 알갱이들을 닦아 주고, 연못이 노래를 부르게 했지요. 내가 잔디밭에서 맨발로 춤추게 했고요.

　엄마는 내가 빗속에서 뛰놀아도 단 한 번도 화를 내지 않았어요. 오히려 비에 젖어 엉망이 된 나를 보고 이렇게 말했지요.

　"식물은 물을 먹어야 잘 자란단다. 실비아, 너도 마찬가지지."

　엄마는 누구보다 내 마음을 잘 알아주었어요.

　"엄마, 실비아 누나 어디 갔어요?"

　남동생 스킵은 더 어린 남동생 이반하고 노는 것이 지겨워지면 엄마한테 가서 나를 찾았어요.

　"조사하러 밖에 나갔지."

　엄마는 늘 그렇게 대답했어요.

　엄마 말이 맞았어요. 나는 마치 연구자처럼 항상 수첩과 연필을 들고 다니면서 그림을 그리고 메모를 했거든요.

　메뚜기의 움직임부터 수많은 나뭇잎들의 잎맥과 무당벌레 등에 있는 반점 모양까지 모든 것을 관찰하고 눈에 띄는 것은 다 기록했어요.

　엄마는 내가 하는 행동을 '실비아의 조사'라고 불렀어요. 그리고 내가 곤충이나 나뭇가지, 애벌레, 씨앗을 주워 오면 보관할 수 있도록 유리병을 준비해 주었지요.

　나는 유리병에 수집품을 넣어서 주방 창턱에 나란히 정리했어요. 나의 멋진 보물들이었지요.

"실비아 누나!"

스킵이 연못가에 있던 나를 보고 달려왔어요.

나는 집 밖에서 보내는 시간이 많았지요. 채소밭, 과수원, 마구간, 연못까지 우리 농장에는 재미있고 궁금한 것들이 넘쳐 났어요. 그 가운데서도 연못에 자주 갔지요. 물 주변에는 다양한 생물들이 모여 살았거든요.

"실비아 누나, 내가 이런 걸 찾았어! 누나 수집품에 넣을 만한 새로운 곤충이야! 그런데…… 거기서 뭐해?"

그때 나는 물 위로 늘어진 나뭇가지에 매달려서, 잠자리가 허물을 벗고 애벌레에서 어른벌레가 되는 모습을 지켜보고 있었어요. 백과사전으로 잠자리가 어떻게 탈바꿈을 하는지 배웠지만, 직접 보기는 처음이었지요. 한순간도 놓치고 싶지 않아서 아무 소리도 내지 않고 꼼짝도 하지 않고 있었어요.

나는 스킵에게 가까이 오지 말라는 뜻으로 한 손을 펼쳐 휘저었어요.

"금방 갈게!"

하지만 스킵은 내가 보낸 신호를 잘못 알아들었어요. 가까이 오라는 뜻으로 착각하고는 내가 매달려 있던 나뭇가지로 뛰어올라온 거예요.

내가 스킵을 말릴 틈도 없이, 나뭇가지가 우지끈 소리를 내며 부러졌어요. 아무래도 나뭇가지는 두 명의 어린 연구자를 지탱

하기 힘들다고 판단한 모양이에요.

결국 나와 스킵, 나뭇가지, 그리고 어쩌면 잠자리까지 물속에 빠지고 말았지요.

우리가 흠뻑 젖어 집에 돌아왔을 때 엄마는 수건 두 장을 들고 문 앞에서 기다리고 있었어요.

"왜 그렇게 됐는지 엄마가 맞춰 볼게. 주방 창턱에 새로운 수집품을 놓으려다 물에 빠진 거지?"

엄마가 웃으며 말했어요.

엄마는 우리 삼 남매가 자연에 관심을 가지고 집중할 수 있도록 도와주었어요. 나방 날개의 독특한 무늬나 물속에서 바쁘게 움직이는 오리의 발, 거미가 우아하게 거미줄을 엮는 모습 등을 우리 남매에게 보여 주었지요. 엄마가 손가락으로 가리키면 세상에 하나밖에 없는 특별한 장면으로 바뀌었고, 우리는 열심히 관찰했어요.

아빠도 엄마만큼이나 훌륭한 자연 선생님이었어요. 아빠는 공장에서 일하는 전기 기술자인데, 밤에 일해서 낮 시간이 자유로웠어요. 그래서 우리는 아빠와 함께 마구간에 자주 갔지요. 마구간에는 우리가 기르는 말, 토니와 미네하하가 있었어요. 아빠는 우리에게 말을 어떻게 다루는지 가르쳐 수었고, 말과 친해지는 시간은 무척 즐거웠지요.

부모님이 농장 일로 바쁠 때는 나 혼자 시간을 보냈어요. 하지만 전혀 외롭지 않았지요.

잔디에 가만히 누워 있으면 아주 작은 소리들이 들리고, 아주 작은 움직임들이 보였어요. 모기가 얼굴에 달라붙어도, 개미가 팔을 기어 다녀도 돌이 된 것처럼 꼼짝 않고 있으면, 자기 일을 하느라 바쁜 생물들이 눈에 들어왔지요.

나는 혼자가 아니었어요. 내 주위를 둘러싼 수많은 생명체가 느껴졌으니까요.

# 두 번째 장면

2 바다에 빠지다

"바다는 나에게
　새로운 연구의 세계를
　활짝 열어 주었어요."

 부모님은 돈이 많지 않았지만, 우리 삼 남매가 다양한 경험을 할 수 있도록 힘써 주었어요. 그래서 농장에만 머물지 않고, 해마다 여름이면 바다로 휴가를 갔지요.
 우리 농장에서 멀지 않은 곳에 오션시티가 있었어요. 대서양과 마주한 작은 도시였지요.
 넓게 펼쳐진 바다 앞에 서면 숨이 멎는 것 같았어요. 무서워서가 아니라 신비로운 여신을 마주하는 것처럼 깊은 존경심이 느껴졌기 때문이에요.
 바다는 나에게 새로운 연구의 세계를 활짝 열어 주었어요. 바다에는 관찰할 것들이 굉장히 많았거든요. 몇 시간이 눈 깜짝할 사이에 지나갈 정도로요.
 "티셔츠로 목을 감싸라고 했잖니."
 엄마가 햇볕에 탄 내 목덜미에 차가운 수건을 대 주면서 말했어요.

"이것 좀 봐. 계속 고개를 숙이고 다니니까 햇볕에 탈 수밖에 없지."

"하지만 엄마, 티셔츠에는 조개를 담아야 했어요. 제가 조개를 얼마나 많이 찾았는지 보셨어요?"

나는 기어 들어가는 소리로 변명을 했어요.

"그래, 봤다. 이렇게 계속 주워 오면 이 해변에 있는 조개 절반은 집에 가져갈 것 같구나."

나는 모래 속에 구멍을 뚫고 사는 게와 조개를 관찰하는 것이 즐거웠어요. 얕은 물에서 작은 해파리들이 헤엄쳐 다니다가 햇빛을 받으면 투명해지는 모습을 살펴보는 것도 좋아했고요. 파도에 찢어져 해안으로 밀려온 해조들을 종류별로 나누는 일도 재미있었지요.

농장에서 그랬던 것처럼 바다에서도 무엇이든 관찰하고 그림을 그리고 메모를 했어요.

그런 내 눈에 띈 동물이 있었어요. 바로 투구게였지요. 쉽게 만날 수 있는 동물은 아니지만, 열 마리씩, 어떤 때는 백 마리씩 떼를 지어 바다에서 육지로 기어 올라왔어요.

투구게는 생김새가 참 독특했어요. 갑옷처럼 생긴 단단한 껍질로 이루어져 있고, 뾰족한 꼬리가 붙어 있었지요. 어떻게 보면 다른 행성이나 아주 오래전 선사시대에서 온 농물 같았어요.

그런데 이상하게도 물속에 있어야 할 투구게들이 자꾸만 육지로 올라왔어요. 나는 참다못해 투구게 꼬리를 집어 들었지요.

"얘, 너 뭐 하는 거니?"

바닷가를 산책하던 어느 아주머니가 나에게 다가왔어요.

"투구게를 구출하는 거예요. 여기 모래밭에 몇 마리나 있는지 보셨어요? 물에 다시 집어넣어 주려고요. 안 그러면 죽을 거예요."

"이 징그럽게 생긴 것들을? 그걸 손에 잡고 있으면 느낌이 이상하지 않아?"

아주머니가 얼굴을 찌푸리며 물었어요.

"아무렇지도 않아요. 아무한테도 해를 끼치지 않는 착한 동물들인걸요. 그럼 저는 할 일이 너무 많아서 가 볼게요. 안녕히 가세요."

나는 아주머니한테 대답하고 하던 일을 계속했어요. 투구게들의 생명을 구하는 일이라고 믿고, 열심히 투구게들을 하나하나 잡아서 바닷물에 다시 넣어 주었지요. 그러면서 투구게들을 하나하나 관찰하게 되었는데, 세상에 똑같은 동물이 하나도 없듯이, 투구게끼리도 똑같이 생긴 것은 하나도 없었어요.

시간이 한참 흐른 뒤에야 육지로 자꾸 올라오는 투구게의 비밀을 알게 되었어요. 투구게들은 알을 낳기 위해서 바다에서 육지로 올라오는 거였지요. 그런데 나는 투구게들을 도와준다고 생각하며 다시 물에 갖다 넣은 거예요!

그 사실을 알고 나서 바다 생물을 이해하기 위해 더 열심히 공부했어요. 덕분에 투구게에 대해서도 잘 알게 되었지요. 투구게는 수억 년 전에 지구에서 살았던 공룡보다 훨씬 오래된 생물이라서 '살아 있는 화석'이라고 불려요. 그렇게 오랜 시간을 살아 온 투구게들이 지금은 멸종 위기에 처해 있어요. 사람들이 환경을 오염시키고 바다를 함부로 개발했기 때문이지요.

인간과 투구게, 이 둘 중 누가 더 끔찍한 짐승일까요? 그걸 따져 보는 것이 옳은 일인 것 같네요.

1948년, 내가 열세 살이 되던 해 여름이었어요. 우리 가족에게 큰 변화가 있었지요.

저녁을 먹고 나서 부모님이 나와 동생들을 한자리에 불러 모았어요.

"아빠와 엄마가 중요한 결정을 내렸단다."

아빠는 목소리를 가다듬었어요. 나는 걱정이 되기 시작했지요. 아빠가 그렇게 진지한 적이 없었거든요.

"조만간 새집으로 이사를 갈 거란다. 너희도 좋아하게 될 거야. 바닷가 근처에 있는 집이거든."

아빠가 나를 바라보며 말했어요. 나는 입을 떡 벌린 채 가만히 듣고만 있었지요.

"만세! 우리 이제 오션시티에 가서 사는 거예요?"

"아니다, 이반. 오션시티와 다른 바다야. 우리는 플로리다주에 있는 더니든에서 살 거야. 백과사전을 가져와 보렴, 스킵. 이반에게 플로리다가 어디인지 보여주자꾸나."

아빠는 동생들과 함께 백과사전에서 미국 지도를 살피며 플로리다까지 가려면 어떻게 이동해야 하는지 알려 주었어요.

엄마는 조용히 나를 바라봤어요. 동생들은 신나 보였지만, 나는 아니었지요. 너무 슬퍼서 어찌해야 할지 몰랐어요.

"저리로 가자꾸나."

엄마가 낮은 목소리로 말하며, 나를 주방으로 이끌었어요. 주방에 들어서자 눈물이 주르륵 흘러내렸고, 엄마의 앞치마에 얼굴을 파묻고 흐느껴 울었지요.

"어째서요? 왜요?"

나는 이 말만 되풀이했어요. 엄마는 내 머리를 쓰다듬으며 울음을 그칠 때까지 기다렸지요. 내가 조금 진정이 되는 듯하자 이렇게 말했어요.

"엄마 아빠가 생각을 정말 많이 했단다, 실비아. 너도 우리가 이곳을 얼마나 좋아하는지 알잖니. 하지만 아빠가 일하는 공장이 곧 문을 닫을 것 같아. 다행히 플로리다에서 좋은 직장을 찾

왔단다. 그리고 이반이 지난겨울에 기침이 너무 심했잖니. 따뜻한 바닷가에서 살면 건강해지지 않을까? 아마 너도 새로운 곳을 좋아하게 될 거야."

"그럼 토니는요? 미네하하는요? 함께 갈 수 있나요?"

"아니, 실비아. 이사 갈 집에는 말들이 살 만한 공간이 없단다."

"하지만 엄마, 저는, 저는 싫은데……."

나는 목이 메어서 말을 이을 수 없었어요.

"그래, 안다."

엄마는 고개를 끄덕이며 내가 울음을 그칠 동안 꼭 안아 주었어요.

정들었던 농장과 헤어지는 일은 쉽지 않았지요. 연못, 나무들, 우리의 동물들을 비롯해 그동안 함께한 모든 자연과 작별 인사를 하려니까 마음이 무겁게 내려앉았어요. 태어나서 처음 느껴 보는 기분이었지요.

결국은 이사하는 날이 밝았어요. 나는 더니든으로 가는 차 안에서 방금 떠나온 농장만 생각했지요.

고속도로를 1,700킬로미터 정도 달린 뒤 우리는 더니든의 새 집에 도착했어요.

아빠가 바다 근처라고 말은 했지만, 바다가 그렇게 가까이 있을 줄은 상상도 못했어요. 집은 아담했지만, 넓은 정원을 가진 기분이었지요. 그 정원은 바로 멕시코만이었답니다.

이제껏 내가 본 바다는 대서양뿐이었어요. 회색 물결이 거세게 일렁이는 바다였지요.

하지만 멕시코만의 바다는 전혀 달랐어요. 파도가 아기를 재우듯 부드럽게 바닷가로 밀려들었지요. 무엇보다 바다는 아름다운 청록색이었어요! 게다가 가까이 다가가면 맑고 투명해서 바닷속 하얀 모래 위에 게들이 지나간 자국과 물고기 비늘에 반사된 햇빛의 반짝임도 생생하게 들여다볼 수 있었지요.

나에게 멕시코만은 누군가 탐험해 주기를 기다리는 커다란 수영장 같았어요.

이사 오고 새집에서 첫 번째로 맞는 생일날이었어요.

"생일 축하한다, 실비아! 우리가 작은 선물을 준비했어."

엄마가 두 눈을 반짝이면서 은색 종이로 싼 작은 상자를 건넸어요. 열어 보니 물안경이 들어 있었지요. 나는 신이 나서 제자리에서 뜀박질을 했어요.

"조사를 더 잘하라고 준비한 거야."

아빠도 덩달아 신이 나서 말했어요.

"물에 제대로 들어가지 못하고 몸을 잔뜩 구부리고 다니잖니. 물안경을 쓰면 구부리지 않고 그냥 물에 들어가면 돼."

엄마가 웃으며 설명해 주었어요.

엄마 말이 맞았어요. 이제껏 몇 시간씩 고개를 숙이고 내려다보면서 바닷가 이쪽저쪽을 걸어 다녔거든요.

이제 물안경을 쓰니까 더 깊이 잠수해서 바닷속의 모든 풍경을 볼 수 있었지요.

물안경이 생긴 뒤로 더 오래 물속에서 시간을 보냈어요. 물에서 나오면 아빠가 나한테 아가미가 자랐는지 봐야겠다며 장난을 쳤지요.

"피부가 이렇게 된 건 네 몸이 비늘로 덮이기 시작한 게 아닐까?"

"아니에요, 아빠. 이건 그냥 물에 오래 있으면 생기는 주름이에요. 저 이제 물속에서 1분 동안 숨 안 쉬고 버틸 수 있어요."

"굉장하구나, 우리 올챙이."

아빠가 흐뭇하게 웃으며 내 머리를 쓰다듬어 주었어요.

나는 물속에서 어떻게 움직여야 하는지 정확히 알고 있었어요. 나에게 물속은 보통 사람들이 땅 위에서 생활하는 환경과 같았지요. 그러다 보니 '올챙이'라는 별명까지 얻었어요.

한번은 바닷속에서 언제나 똑같은 해초 주위를 돌아다니는 해마 한 마리를 보았어요. 농장에서 기르던 말이 생각나서 그 해마를 토니라고 불렀지요. 바다에서 지내는 시간이 길어질수록 더 많은 바다 생물들을 만났어요. 그 바다 친구들이 농장에서 함께했던 동물들의 빈자리를 채워 주었지요.

　나는 더니든이 점점 마음에 들었어요. 바다뿐만 아니라 시내에 멋진 도서관도 있었거든요.
　전에는 궁금한 점이 있으면 집에 있는 백과사전에서 찾았어요. 하지만 백과사전 하나로는 내 호기심을 채울 수 없었지요. 이제는 더 많은 책이 필요했고, 도서관을 찾게 되었어요.
　바다를 탐험하듯 도서관 책꽂이를 훑다가 윌리엄 비비(William Beebe)라는 이름에 눈길이 갔어요. 윌리엄 비비는 과학 탐험가인데 '배시스피어(Bathysphere)'라는 공 모양 잠수함을 처음 생각해 낸 사람이에요. 그리고 그 잠수함을 직접 타고 수심 900미터까지 내려갔다고 해요. 이전에는 그렇게 깊은 곳까지 내려간 사람이 없었지요.
　윌리엄 비비는 기록을 세우기 위해 잠수함을 설계한 것이 아니라 사람들이 탐험하지 않은 곳을 연구하기 위해서였다고 말했어요. 그리고 자기 책에 빛이 닿지 않는 아주 깊은 바닷속에서 직접 빛을 내며 반짝이는 생물들의 신비로운 모습을 설명해 놓았지요. 정말 짜릿한 책이었어요. 그 뒤로 무언가에 홀린 듯이 윌리엄 비비의 책을 모두 찾아봤답니다.
　바다와 관련된 것은 무엇이든 흥미로웠어요. 그래서 학교에서도 과학 수업을 가장 열심히 들었지요.

바다에 푹 빠져 하루하루를 보내다가 어느 날, 놀라운 광경을 목격했어요. 친구 페기와 함께 여느 때처럼 바다를 탐험하러 나갔지요. 그날은 좀 더 멀리, 세인트조지프 해협까지 가 보기로 했어요. 우리는 함께 물안경과 스노클을 하고 오랫동안 헤엄을 쳤지요.

한참 동안 수영을 하는데, 갑자기 눈앞이 보이지 않았어요. 투명하던 바닷물이 흐려진 거였지요.

페기가 자세히 살펴보려고 깊이 잠수를 했다가 물을 뿜으며 다시 올라왔어요.

"우웩! 바닷속에 주황색의 무언가가 흐르고 있어!"

"그게 뭔데?"

"모르겠어. 커다란 관에서 흘러나오고 있었어."

"관을 따라가 보자."

나와 페기는 바닷속에 자리 잡은 관을 따라 해안 쪽으로 헤엄쳤어요. 그러자 오렌지 주스를 만드는 공장 앞에 도착했지요. 관을 통해 바다로 버려지던 것은 오렌지 껍질 찌꺼기였던 거예요.

"이런 무식한 사람들! 바다가 무슨 자기네 쓰레기통인 줄 알아!"

페기가 크게 화를 내며 소리쳤어요.

"내 생각에 공장 사람들은 바다에 한 번도 와 보지 않았을 거야. 그랬다면 바다에 함부로 쓰레기를 버리지 않았겠지."
　나는 아름다운 바다를 엉망으로 만드는 사람들에게 화가 났어요. 처음으로 어떻게 하면 바다를 지킬 수 있을까 고민하기 시작했지요.

3 # 세 번째 장면

나의 첫 번째 잠수복

"바다는 갈증을 불러요.
바닷속을 헤엄치다 보면
더 깊은 곳으로 가고 싶고,
더 오래 머물고 싶어졌어요."

바다는 갈증을 불러요. 물안경과 스노클을 끼고 바닷속을 헤엄치다 보면, 더 깊은 곳으로 가고 싶고, 더 오래 머물고 싶어졌어요.

1952년, 내가 열일곱 살일 때 커다란 기회가 찾아왔어요. 학교를 마치고 집으로 가던 길에 같은 반 친구 필립과 마주쳤지요.

"실비아! 일요일에 뭐해? 우리 아빠 잠수복을 입어 보지 않을래?"

"너희 아빠한테 잠수복이 있어?"

나는 놀란 얼굴로 물었어요. 잠수복이 어떻게 생겼는지는 잘 알고 있었지요. 밥 먹듯 읽는 해저 모험 책들에서 늘 관심 있게 봤기 때문이에요.

잠수복 머리 부분은 둥근 헬멧처럼 생겼어요. 헬멧에는 물 위의 공기 공급 장치와 연결된 관이 달려 있어서, 잠수복을 입으면 물속에서도 숨을 쉴 수 있지요.

"그리스에서 사 오셨어. 어느 어부가 이제 사용하지 않는다고 우리 아빠한테 팔았대. 위키와치 호수에서 입어 보자. 좋은 생각이지?"

필립이 어깨를 쭉 펴며 말했어요.

진짜 잠수복이라니요! 심장이 터질 것 같았어요. 잠수복만 있으면 물속에 내려갔을 때 숨이 차서 급하게 올라오지 않아도 되었어요. 그러면 물고기를 관찰하고 물속을 탐험할 시간도 더 많아질 테고요.

위키와치 호수는 물이 맑고, 별별 종류의 물고기들이 모여 사는 곳이었어요. 빨리 잠수복을 입고 깊은 호수 속을 거닐고 싶었지요.

드디어 필립과 약속한 일요일이 밝았어요.

위키와치 호수에 도착해서, 나는 잠수복 안에 들어갔어요. 너무 덥고 답답했지만, 나에게는 별로 문제가 되지 않았지요. 필립이 신호를 주었고, 나는 곧바로 물속으로 들어갔어요.

물속에서 숨을 쉬다니요! 수없이 꿈꾸어 왔던 일을 막상 겪으니까 현실 같지 않았어요.

물속으로 내려가면서 물의 압력 때문에 귓속이 짓눌리는 느낌이 들었어요. 나는 필립 아빠가 말해 주었던 주의 사항을 기억했지요. 고막에 가해지는 압력이 세지면 균형을 맞추기 위해 침을 여러 번 삼켜야 한다고요.

나는 침을 꼴깍꼴깍 삼키며 천천히 물속으로 내려갔고, 수심 10미터쯤 되자 바닥에 발이 닿았어요. 그리고 곧바로 첫 번째 생물과 맞닥뜨렸지요. 바로 주둥이가 악어처럼 생긴 물고기인 '앨리게이터 가(Alligator gar)'였어요.

앨리게이터 가는 호수 갈대 뒤에 숨어서 경계하는 모습으로 나를 훔쳐보았어요. 몸길이가 2미터 정도 되었는데, 이빨이 곤두선 긴 주둥이를 계속 벌렸다 닫았다 했지요.

나는 겁먹지 않았어요. 오히려 나를 반갑게 맞이해 주는 호수의 관리자처럼 보였지요.

사실 진짜 위험했던 것은 앨리게이터 가가 아니었어요. 물속 풍경에 푹 빠져 호수 밑바닥을 거닐 때였어요. 한 20분 정도가 지나자 점점 시야가 흐려졌지요. 뭔가 이상하다는 생각이 들어서 호흡 관을 힘껏 잡아당겨 물 위에 있는 사람에게 무슨 일이 벌어지고 있다는 신호를 보냈어요. 그러자 필립이 재빨리 물에 뛰어들어 나를 데리고 올라왔지요.

알고 보니 나에게 공기를 공급해 주던 장치에 문제가 생겼던 거였어요. 조금만 더 늦었다면 해로운 가스를 마셔서 정신을 잃었을 거예요.

그 뒤로 더 좋은 잠수복과 공기통을 찾아보았어요. 하지만 그런 잠수 장비들은 구하기도 어려운 데다가 값도 만만치 않앉지요.

여느 때와 마찬가지로 도서관에서 잠수에 관한 책들을 찾아보고 있을 때였어요. 도서관장이 나에게 다가와 말했지요.

"저쪽에 관심을 가질 만한 새로운 책이 들어왔어요."

책 제목은 『고요한 세상(The silent world)』이었어요. 작가인 자크 쿠스토(Jacques Cousteau)는 잠수에 푹 빠진 프랑스 탐험가였는데, 당시 물 위의 공기 공급 장치와 관을 연결하지 않아도 되는 새로운 공기통을 개발했지요.

자크 쿠스토는 자기 책에 해저 동굴과 난파선의 잔해 탐사에 관해 설명했어요. 그리고 물고기들과 함께 수영하며 느꼈던 자유로움을 이렇게 표현했지요.

'나는 날개처럼 두 팔을 활짝 펴고 하늘을 나는 꿈을 자주 꾸었다. 그런데 이제 날개 없이 난다.'

나도 물속에서 날고 싶었어요. 하지만 어떻게 날아야 할지 알 수 없어서 막막했지요.

바다를 향한 갈증을 채우기 위해 고등학교 졸업반일 때 플로리다주립대학교의 해양생물학 여름 강좌를 신청해서 들었어요.

그때 해럴드 험(Harold Humm) 교수님을 만났어요. 당시에 플로리다주립대학교의 해양연구소 소장이었던 험 교수님은 무척 열정적으로 학생들을 가르쳤지요.

"항상 식물에 관심을 가지세요. 식물을 알면 생태계의 모든 작용에 대한 최신 정보를 얻을 수 있어요. 식물은 수많은 종류의 동물에게 은신처와 먹이를 공급하는 생태계의 에너지원입니다. 무엇보다 해초의 경우, 아직 발견된 것이 별로 없는 분야예요. 연구해야 할 것이 헤아릴 수 없이 많지요."

험 교수님은 책으로도 공부를 해야 하지만, 생물들이 각자의 환경에서 어떻게 살아가는지 직접 관찰하는 일이 중요하다고 거듭 강조했어요.

그러던 어느 날, 험 교수님이 힘차게 말했어요.

"오늘부터는 강의실에서 수업을 하지 않을 거예요. 여러분이 착용할 마스크와 오리발, 공기통을 준비해 놓았어요. 바다로 갈 겁니다!"

내 꿈이 이루어지는 순간이었어요.

그다음 날, 바다에 도착해서 자크 쿠스토가 발명한 공기통을 어깨에 멨어요. 그때가 1953년이었지요. 학생들이 물에 직접 들어가 바다 환경을 공부할 수 있게 해 주는 생물학 교수님은 아마 험 교수님뿐이었을 거예요. 당시에 공기통이 발명된 지 얼마 되지 않았을 때라서, 학자들은 공기통을 연구용이 아니라 그저 놀이 수단 정도로 여겼지요.

"자연스럽게 호흡하는 것, 이것 한 가지만 기억하세요."

험 교수님의 마지막 당부를 들으며 나는 물속으로 미끄러져 들어갔어요. 물에 들어가면 숨을 참지 않는 일이 정말 중요하답니다. 숨을 참은 상태에서 물 위로 올라오면 압력의 변화 때문에 폐가 부풀어 올라서 폐 조직이 찢어질 수 있어요. 물속에 들어갈 때마다 눈앞에 펼쳐진 풍경에 빠져 종종 숨 쉬는 것을 잊어버리는 나에게 꼭 필요한 당부였지요.

나는 자크 쿠스토처럼 물고기들 속에서 자유롭게 헤엄쳤어요. 물고기처럼 움직여 보고 발헤엄을 치며 균형도 잡아 보았어요. 밑바닥에 발끝을 살짝 댄 채 몸이 가볍게 떠 있는 느낌을 즐겼고요.

시간이 다 되어 물속에서 나와야 했어요. 무척 아쉬워하며 다음 순서의 학생에게 잠수 장비를 넘겨주었지요. 그리고 다시 한번 깨달았어요. 내가 얼마나 바다를 사랑하는지를요.

나는 해양생물학을 공부하기로 마음먹었어요. 바다에 대해 더 많이 알아 가면서 평생 바다에서 지내고 싶었지요.

4 # 네 번째 장면

과학은 탐험이다

"호기심과 발견, 모험이야말로 과학자의 인생에는 소금과 같은 것들이었어요."

"대학에 가고 싶어요! 등록금은 제가 계속 일해서 마련할게요."

나는 부모님에게 앞으로 하고 싶은 일을 말했어요. 그리고 대학교 연구소에서 일하면 공부를 하면서 돈을 벌 수 있다는 말도 덧붙였지요.

엄마는 고개를 끄덕였어요.

"중요한 건 네 갈 길을 가는 거란다."

"어떻게든 도와주마. 은행에 대출을 받을 수 있는지 물어봐야겠구나."

아빠도 내 어깨를 두드리며 응원해 주었지요.

부모님이 최선을 다해 뒷바라지를 해 주었기에 나는 플로리다주립대학교에 들어가 해양생물학을 공부할 수 있었어요. 열심히 공부해서 장학금을 받았고, 플로리다주립대학교를 졸업한 뒤에는 듀크대학교로 진학했지요. 당시 듀크대학교에서 강의를 했던 험 교수님을 따르고 싶어서였어요.

험 교수님의 가르침은 나에게 큰 힘이 되었어요. 험 교수님이 조언해 준 대로 해양 식물을 공부했고, 멕시코만의 해초에 대해 연구했지요.

나는 바닷속에 잠수해서 해초들을 채집하고, 연구실로 돌아와 해초들을 분류하는 일을 수없이 반복했어요. 시간이 오래 걸리는 일이었지만, 해초에 푹 빠져 시간 가는 줄 몰랐지요.

그렇게 대학교에서 해초를 연구하다가 존을 만나서 1957년에 결혼했어요. 존은 동물학자였지요. 나와 존은 자연에 대한 사랑, 생물을 발견하고 연구하고자 하는 마음, 끝없는 호기심까지 닮은 점이 참 많았어요.

우리는 결혼하고 나서도 각자의 과학 분야에 열중하며 공부하는 것을 서로 존중했어요. 그렇게 박사 학위를 준비할 때였지요. 1964년에 흥미로운 프로젝트가 열렸어요. 과학자들이 한데 모여 '안톤 브룬(Anton Bruun)'이라는 배를 타고 인도양으로 파견 조사를 떠난다는 거였지요. 여기에 연구 동료인 아지즈가 참여하기로 했는데, 포기하게 되었다는 소식을 들었어요.

"아지즈 대신 네가 가면 어떻겠니?"

험 교수님이 나에게 제안했지요.

"하지만 교수님, 아지즈는 키도 크고 덩치도 좋잖아요. 파견단에서 아지즈를 뽑았다면 신체 조건도 따진 것이 아닐까요? 게다가 저는 그렇게 멀리까지 가 본 적도 없고 미국을 벗어나 본 적도 없어요."

"그러니 이번이 정말 좋은 기회네. 인도양에서도 이제껏 해 온 것처럼 해초를 채집하고 확인하고 분류하면 되니까. 안톤 브룬 호에서 아지즈를 뽑은 건 식물학자가 필요해서지 권투 선수가 필요해서가 아니야. 너도 아지즈 못지않게 뛰어난 식물학자잖니."

험 교수님 말이 맞았어요. 나에게는 정말 좋은 기회였고, 무엇보다 내 마음은 벌써 배를 타고 탐험을 떠나고 있었지요.

하지만 나는 머뭇거릴 수밖에 없었어요. 가족들이 걱정스러웠거든요. 당시에 나에게는 아이가 둘이나 있었지요. 첫째 아이 엘리자베스는 네 살이었고, 둘째 아이 리키는 두 살밖에 되지 않았어요. 아이들이 아직 어린데, 6주 동안이나 엄마와 떨어져 있게 하기가 미안했지요.

"걱정하지 말고 가. 아이들에게는 아빠도 있으니까."

남편 존이 내 이야기를 듣고는 아무렇지 않은 듯 말했어요. 가족의 응원 덕분에 용기가 솟아올랐지요. 호기심과 발견, 모험 이야말로 과학자의 인생에는 소금과 같은 것들이었어요.

가벼운 마음으로 파견단에 들어가기로 했는데, 생각지도 못했던 커다란 걱정거리가 내 앞을 가로막았지요.

당시 내 추천서를 받아들인 파견단 대표가 무거운 말투로 말했어요.

"부인, 배에 타기로 결정하기 전에 잘 생각해 봐야 할 문제가 있어요. 파견단 인원이 70명인데, 전부 다 남자예요. 그 남자들 속에 여자는 부인 단 한 명일 거예요. 괜찮겠어요?"

나는 미소를 지으며 답했지요.

"신경 써 주셔서 감사합니다, 박사님. 저는 동료들과 잘 지낼 수 있도록 협동심만 챙기면 될 것 같네요."

파견단에 나 혼자 여자라는 사실이 나는 아무렇지 않았어요. 그런데 출발 전부터 순조롭지 않았지요. 주변에서 시끄럽게 굴었거든요.

배를 타기로 한 케냐 몸바사에서 한 기자가 파견단 가운데 인터뷰를 할 수 있는 사람을 찾았고, 거기에 내가 불렸어요. 기자는 '여자가 나 혼자라는 사실이 걱정되지 않느냐, 이런 상황을 어떻게 관리할 생각이냐' 등을 물었어요. 나는 솔직하게 대답하면서 되도록 파견단의 목적과 연구 내용에 대해서 설명하려고 애썼지요.

다음 날, 신문에 잠수복을 입은 내 사진과 함께 '70명의 남성과 승선하는 실비아, 문제가 생기지 않기를 바란다!'라는 제목이 붙은 기사가 났어요.

"아무 문제도 없지. 기자들만 빼면."

나는 한숨을 쉬며 중얼거렸어요.

내가 타는 안톤 브룬 호는 어마어마한 배였어요. 실험할 수 있는 연구 기기뿐만 아니라 해양 탐사용 장비까지 갖춘 배는 처음이었지요. 이전에 연구가들은 물에 잘 들어가지 않았어요. 바다 생물들의 서식 환경에서 직접 관찰하지 않고 낚시로 필요한 생물들을 건지기만 했지요. 그런데 안톤 브룬 호에는 잠수를 하는 데 필요한 장비가 모두 실려 있었어요.

과학 조사를 위해 인도양에서 첫 잠수를 했는데, 볼거리가 아주 많았어요. 알록달록한 조개들이 크기별로 곳곳에 깔려 있었고, 노란 나비고기들이 여기저기 날아다니고, 곰치들이 바위 아래에서 조심스럽게 고개를 내밀었지요. 바닷속 풍경에 빠져서 하마터면 과학 연구의 임무를 맡고 있다는 사실을 잊을 뻔했어요.

배에서 생활하는 동안 잠은 아주 조금만 잤어요. 새벽에 일어나 잠수를 시작했고, 특별한 경험들을 하나도 잊지 않으려고 기록하느라 밤늦게까지 깨어 있었거든요.

여자라서 좋은 점이 있었어요. 남자들은 여러 명이서 한 선실을 사용했지만, 나는 선실 하나를 독차지할 수 있었지요. 그래서 다른 사람 눈치를 보지 않고 한밤중에도 불을 켜고 글을 쓸 수 있었어요.

그렇게 첫 번째 파견 조사를 무사히 마치고 집으로 돌아왔어요. 그 뒤로도 나는 안톤 브룬 호를 타고 네 번이나 더 파견을 다녀왔지요.

두 번째 파견 때 잊을 수 없는 경험을 했어요. 칠레의 후안 페르난데스 제도에서 잠수했을 때 우산 모양에 밝은 분홍색을 띤 해초를 발견했어요. 처음 보는 해초였지요!

아직 세상에 알려지지 않은 해초였기 때문에, 내가 이름을 붙여 주어야 했어요. 그 순간 험 교수님에게 영광을 돌리고 싶었지요. 나에게 해양생물학의 길을 열어 주었고, 지금껏 많은 도움을 주었으며 애정 어린 격려를 해 주었으니까요. 그렇게 해서 새로운 해초에 험 교수님의 이름을 따서 '험브렐라 히드라(Hummbrella hydra)'라고 이름을 지었답니다.

5

다섯 번째 장면

더 깊이 더 오래, 언제나 도전

"나 같은 해양 과학자들은 1미터를 내려갈 때마다 도전을 해야 하고, 관찰 시간도 호흡할 공기의 양 때문에 한정적일 수밖에 없었어요."

앞에서도 말했지만 여자라서 좋은 점이 있었어요. 하지만 반대일 경우가 더 많았지요.

"여자가 들어갈 자리가 없다는 게 무슨 뜻이지?"

유지니가 화가 난 목소리로 말했어요.

"그쪽에서 그렇게 말했다니까, 유지니. 여자가 남자들의 우두머리가 되는 게 싫은가 봐."

나는 마음이 상해서 허리에 손을 올리며 비딱하게 말했지요.

유지니 클라크(Eugenie Clark)는 '케이프헤이즈 해양연구소(Cape Haze Marine Laboratory)'에서 일하는 어류 연구가였어요. 특히 상어에 관한 연구를 하고 있었기 때문에, 사람들이 유지니를 '상어 부인'이라고 불렀지요.

우리는 함께 바닷속을 탐사하며 친해졌어요. 무엇보다 유지니에게 많은 것들을 배웠지요. 유지니 덕분에 해초에서 상어에 이르기까지 모든 생물이 서로 연결되어 있다는 폭넓은 시각을 가지게 되었거든요.

유지니는 직장에서 능력을 인정받으면서, 더불어 아이 넷을 낳고 가족을 화목하게 이끌었어요. 그런 면에서 유지니는 나에게 단순한 친구가 아니라 훌륭한 본보기였지요.

유지니는 전화기를 집어 들고 안톤 브룬 파견단을 관리하는 '국립과학재단(National Science Foundation)'에 당장이라도 전화할 참이었어요.

"아무래도 이해할 수 없어. 넌 안톤 브룬 호를 타고 다섯 번이나 파견을 다녀왔고, 지금까지 쌓은 경력도 엄청나고, 사교성이 좋아서 공식 발표 같은 것도 항상 네가 도맡았지. 네 과학 연구들도 훌륭하고 말이야. 안톤 브룬 호의 파견단 단장이 될 수 있는 조건은 다 갖췄잖아!"

"그런데 안타깝게 남자한테만 주어지는 거래."

내 말에 유지니가 머리를 가로저었어요.

"어릴 때 콜롬비아대학교에 들어가려고 했는데, 내 입학 신청서를 거부하면서 이런 말을 했어. 여자는 가족이 생기면 분명히 학업을 중단할 거라더군. 하지만 그건 옛날이야기잖아. 그런 핑계가 아직도 계속되고 있다니!"

유지니 말이 맞았지만, 당장 내가 할 수 있는 일은 없었어요. 그저 내가 하던 일을 계속하면서 천천히 다른 방법을 찾아보기로 했지요.

그런데 생각보다 기회가 빨리 찾아왔어요.

1968년에 '딥 다이버(Deep Diver)'라는 특수 잠수함을 타고 바하마의 바닷속으로 내려갈 수 있게 되었어요. 이 잠수함에는 압력을 조절해 주는 장치가 있어서, 더 오랫동안 잠수할 수 있었지요.

나는 이 프로젝트에 참여해 달라는 초대장을 받았을 때 곧바로 유지니에게 전화를 걸었어요.

"멋지네! 놓칠 수 없는 기회인데, 확신이 안 드는 모양이구나. 뭐가 걸리는데?"

수화기 너머에서 유지니가 말했어요.

"유지니, 나 임신했어. 아이가 생겼다고."

나는 망설이며 말했어요.

"그게 왜, 실비아? 그건 더 멋진 소식이네. 바닷속은 네 아기를 데려가기에 아주 훌륭한 소풍 장소라고 생각해. 혼자서 경솔하게 판단하지 말고 우선 의사한테 가서 의견을 물어봐."

유지니 말대로 병원을 찾아갔어요. 다행히 의사는 괜찮다고 말해 주었지요.

나는 임신 5개월째에 아이를 배 속에 품고 잠수함의 배 속으로 들어갔어요.

딥 다이버 잠수함은 나를 태우고 수심 38미터까지 내려갔고, 거기서 산호와 해초 속을 산책하면서 한 시간 반 동안이나 채집

을 했지요.
 지금껏 내가 한 잠수 시간 중 가장 긴 시간이었어요. 딥 다이버 잠수함 덕분에 평소보다 네 배가 되는 시간 동안 잠수를 할 수 있었지요.
 더 깊이, 더 오랜 시간 동안의 잠수는 내 연구에서 가장 필요한 부분이었어요.
 나는 땅 위의 식물을 연구하는 과학자들이 부러웠어요. 아무런 제한 없이 관찰하고 연구할 수 있으니까요. 나 같은 해양 과학자들은 1미터를 내려갈 때마다 도전을 해야 하고, 관찰 시간도 호흡할 공기의 양 때문에 한정적일 수밖에 없었어요.

 그사이 내 인생에 변화가 있었어요. 존과 헤어지고, 1966년에 자일스와 재혼했거든요. 자일스도 과학자였어요. 정확히는 어류학자였지요. 자일스는 하버드대학교의 '비교동물학박물관(Museum of Comparative Zoology)'에서 어류 부문을 맡고 있었어요.
 나는 새 남편, 아이들과 함께 보스턴의 비콘 힐에서 나름 안정적으로 살고 있었어요. 그런데 내 인생에 또 한 번의 기회가 찾아왔지요.
 "박물관에서 이런 걸 봤어. 한번 봐."
 자일스가 공문 하나를 나에게 내밀며 말했어요.

나는 그대로 읽었지요.

"텍타이트 투(Tektite II) 프로젝트, 바닷속에서 2주간 머무르는 연구 임무에 과학자들과 엔지니어들의 참가 지원 신청을 받습니다."

"텍타이트에 대해 알고 있어?"

자일스가 물었어요. 당연히 나는 아주 잘 알고 있었지요.

텍타이트는 나사(NASA, 미국항공우주국)가 미국 내무부와 함께 진행하는 실험적인 프로젝트였어요. 바다 밑바닥에 연구 장비와 생활에 필요한 시설을 갖춘 해저 주택을 설치해서, 바닷속에 오래 머물 수 있도록 했지요. 무엇보다 바다를 앞마당처럼 드나들 수 있다는 점이 가장 마음에 들었어요.

그렇게 멋진 프로젝트에서 참가자를 찾고 있다는 소식이었지요.

"난 갈 수 없어, 자일스. 아이들이 있잖아."

"일단 걱정 말고 프로젝트 지원서를 준비해. 만약에 뽑히면, 여름에 참가해도 되는지 물어봐. 여름에는 아이들 학교 수업도 없으니까 더니든의 외할머니한테 가 있으면 되잖아."

물속에서의 2주라니요! 평소와 달리 잠수하고 물 밖으로 나오는 것이 아니라 밤낮으로 물고기들과 함께 지낼 수 있는 기회였어요. 매시간마다 물속에 사는 생물을 직접 보고, 연구하고, 심지어 밤에 어떻게 살아가는지도 관찰할 수 있고요. 정말 꿈같은 일이었어요.

나는 세 명의 과학자들과 팀을 꾸렸어요. 우리 팀은 내가 준비한 연구 계획에 꼭 필요한 전공 분야를 각각 갖추었지요. 신청서에 팀원들의 경력을 써 넣고, 거기에 나의 연구 실적과 학위, 원정 근무, 잠수 경력 등을 자세하게 덧붙였어요. 그리고 참가자를 뽑는 일을 담당하던 '스미스소니언협회(Smithsonian Institution)'에 신청서와 연구 계획서를 보내고 결과를 기다렸지요.

몇 주 후 프로젝트 담당자인 제임스 박사에게서 전화가 왔어요.

"안녕하세요, 실비아 얼 박사님. 텍타이트 프로젝트에 제출하신 신청서 때문에 전화를 드렸는데요. 그게…… 얼 박사님의 경력은 최고예요. 박사님이 보내 주신 연구 계획서도 매우 흥미롭고, 우리 프로젝트와 완벽하게 맞는다고 생각합니다. 그런데……."

제임스 박사는 머뭇거리면서 자꾸만 말을 멈췄어요. 나에게 전해야 할 내용을 어떤 식으로 말해야 할지 고민하는 것 같았지요.

"참가 신청 공고를 낼 때는 몰랐는데, 여성 과학자의 신청을 어떻게 해야 할지 생각을 못 했답니다."

"박사님, 죄송하지만 무슨 말씀인지 모르겠어요."

나는 못마땅해서 살짝 날카롭게 말했어요.

"얼 박사님, 한번 생각해 보세요. 텍타이트는 아주 작은 공간이에요. 그렇게 작은 곳에서 다 같이 2주 동안 지내야 하지요. 낮에도, 밤에도 말이에요. 그런데 팀이 남자와 여자가 함께 구성될 수도 있다는 것은 생각해 보지 않았어요. 그래서 문제가 좀 생겼지요……."

제임스 박사는 또다시 말을 멈추었어요. 나는 거절할 거라고 짐작했지요. 그리고 이 상황을 유지니가 듣는다면 얼마나 화를 낼지 상상해 보았어요.

그런데 제임스 박사는 뜻밖의 말을 꺼냈어요.

"그래서 말입니다. 얼 박사님이 괜찮으시다면, 여성으로만 이루어진 팀을 만들어 볼까 합니다. 그러면 아무 문제도 없을 테니까요. 어떻게 생각하세요?"

나는 연구팀을 만들 때 서로 마음이 맞고 서로 도움이 되는 과학자들이 함께해야 한다고 생각했어요. 그런데 지금 프로젝트 담당자가 내놓은 기준은 과학적이지 못했지요. 하지만 달리 생각하면 프로젝트에 참여하려면 어쩔 수 없는 조건이라는 생각도 들었어요.

"뭐…… 괜찮을 것 같은데요?"

"네, 다행입니다. 감사합니다. 얼 박사님의 경력이나 잠수 시간, 과학자로서의 능력 등을 생각해 보면 파견단의 단장으로 임명해야 할 것 같은데요. 괜찮으신가요?"

　나는 그러겠다고 대답했어요.

6

여섯 번째 장면

여성 과학자로만 이루어진 연구팀

"우리는 물에만 잠겨 있던 것이 아니라,
밖에서 우리를 지켜보는
사람들의 편견에도 잠겨 있었어요."

멋진 바다 탐험을 함께할 동료 네 명과 공항에서 처음 만났어요. 앨리나는 해양식물학자였고, 앤은 생태학자였어요. 그리고 레나테는 생물학자, 페기는 공학자였지요.

우리는 모두 뛰어난 능력을 갖췄고, 서로를 존중하고 배려해 주려고 노력했기에 금방 친해졌어요.

"잊지 못할 경험이 될 거예요. 하지만 그 전에 언론을 어떻게 다뤄야 할지 생각해 봐야 해요."

나는 동료들에게 우리 파견단에 대해 쓴 신문 기사들을 보여 주었어요. 언론에서는 우리를 '인어'나 '작은 물고기', '미스 아쿠아'라고 불렀지요. 가장 기가 막혔던 기사 제목은 '비콘 힐의 주부가 잠수팀의 우두머리가 되다!'였어요.

"사람들은 우리가 진행할 연구 내용이 아니라 우리가 여자라는 사실 때문에 놀랐나 보네요."

페기가 기사들을 훑으며 말했어요. 나는 고개를 끄덕이며 받아쳤지요.

"맞아요. 이제까지 텍타이트 프로젝트에 열 팀이나 파견되었지만, 이렇게 여자라는 부분만 집중된 건 처음이에요."

우리는 시끄러운 언론에 흔들리지 않기로 마음먹었어요. 앞으로 겪을 특별한 일만 생각하기로 했지요.

바다에 들어가기 전 2주 동안, 우리는 재호흡기(Rebreather)라는 새로운 장비의 사용법을 익혔어요. 재호흡기는 호흡한 공기를 재사용해서 더 오랜 시간 동안 잠수할 수 있게 해 주는 훌륭한 장비였지요.

무엇보다 재호흡기는 물속에서 기포가 나오지 않아 소음을 거의 내지 않고 움직일 수 있었어요. 나는 그 점이 참 마음에 들었어요. 물속에서 들리는 수많은 소리에 집중할 수 있었으니까요.

산호 위에 흰동가리가 이빨을 가는 소리부터 새우가 튀어 오르는 소리, 얼게돔이 웅얼대는 소리까지 바닷속은 정말 시끄러워요. 사람들이 '물고기처럼 조용하다'는 표현을 쓰는데, 뭘 모르고 하는 말이지요. 바다 생물들은 전혀 조용하지 않답니다.

우리는 모든 준비를 마치고, 드디어 수심 15미터에 있는 '텍타이트 해저 주택(Tektite habitat)'으로 내려갔어요.

"사진에서 봤는데 없는 게 없더라고요."

레나테가 텍타이트 해저 주택의 실내를 이리저리 둘러보며 말했어요.

사람들이 텍타이트 해저 주택을 호텔이라고 부르는 이유를 알 것 같았어요. 텔레비전과 오디오도 있고, 바닥에는 카펫이 깔려 있고, 더운물이 나오는 샤워 시설에 간이침대, 냉장고와 냉동식품이 가득 찬 냉동고 등이 잘 갖추어 있었지요.

그뿐만 아니라 현미경을 비롯해 연구에 필요한 도구들이 다 있는 실험실도 있었어요. 조금 불편했지만, 우리를 촬영하는 비디오카메라도 있었지요. 우리도 누군가의 현미경 아래에서 관찰되는 거였어요.

실제로 심리학자로 이루어진 연구팀이 비디오카메라로 파견단들을 지켜보면서 불편한 환경과 고립된 상태에 놓였을 때 어떻게 행동하는지 연구했어요. 연구 결과는 나사에서 나중에 우주 비행사들을 뽑을 때 사용될 거라고 들었지요.

프로젝트가 끝나고 한참 뒤에 우리 팀을 관찰했던 심리학자가 나에게 이렇게 말했어요.

"솔직히 저희는 여러분이 성공할 거라고 생각하지 않았어요."

"무슨 말씀이세요?"

나는 깜짝 놀라 되물었지요.

"그게…… 다 여자 분이었잖아요. 보통 여자들끼리 모이면 발톱 세운 고양이처럼 서로 예민해지잖아요. 2주 동안 갇혀 지내면 분명히 서로 쥐어뜯고 싸울 줄 알았어요!"

나는 기가 막혀서 아무 말도 할 수 없었어요. 우리는 물에만 잠겨 있던 것이 아니라, 밖에서 우리를 지켜보는 사람들의 편견에도 잠겨 있었어요.

우리 파견단은 프로젝트 전에 서로 한 번도 본 적이 없는 사이였어요. 여성 과학자라는 이유로 만났지만, 우리는 어떤 일이 닥쳐도 힘을 합해서 맡은 일을 아주 훌륭하게 해냈지요. 프로젝트가 끝난 뒤에도 친한 사이가 되어 계속 연락을 주고받았고요.

1970년에 텍타이트 해저 주택에서 보낸 2주는 내 인생을 완전히 바꿨어요.

오랜 시간 바닷속에 있다 보니, 바닷속에 사는 듯한 느낌이 들었어요. 텍타이트 해저 주택의 창문으로 헤엄치는 물고기들을 계속 볼 수 있어서 신기했지요. 텔레비전은 그냥 장식품이었어요. 창문으로 보이는 풍경이 그 어떤 텔레비전 프로그램보다 훨씬 흥미로웠거든요.

재호흡기 덕분에 열 시간에서 열두 시간까지 물속에서 바다 생물을 채집할 수 있었어요. 그래서 텍타이트 해저 주택은 공기를 충전하거나 메모를 하거나 무언가를 먹거나 휴식을 취할 때만 사용하는 휴게소 같았지요. 우리 팀 모두 잠은 아주 조금만

잤어요. 문만 열면 사방에 아름다운 바다가 펼쳐지는데 어떻게 잠이 오겠어요?

나는 아침에 일찍 일어나 고요한 물속에서 새벽녘의 은은한 빛줄기를 받아 반짝이는 바다 주민들을 바라보는 것이 좋았어요. 밤에 나가 물고기들이 낮과 어떻게 다르게 행동하는지를 지켜보는 것도 좋았고요. 물고기들과 지내다 보니, 마치 이웃처럼 잘 알게 되었어요. 같은 종이어도 물고기마다 서로 다른 특성을 가지고 있다는 것도 알게 되었지요. 물고기들도 사람처럼 각각 자신만의 개성을 지니고 있었어요.

계속 즐겁기만 했던 것은 아니었어요. 한번은 페기와 함께 잠수를 하던 중이었지요.

산호초 위에서 헤엄치고 있는데, 갑자기 공기가 떨어진 거예요. 숨을 쉴 수가 없었지요. 폐가 공기를 찾아 버둥거리는 것 같았어요. 텍타이트 해저 주택과는 300미터 정도 떨어져 있었는데, 이대로라면 못 갈 것 같았지요.

물속에 들어가는 사람에게 가장 큰 위험은 상어나 해파리, 대왕오징어가 아니에요. 숨을 쉴 수 없게 되었을 때지요.

나는 침착함을 잃지 않으려고 애쓰면서 페기 쪽으로 몸을 돌리고 손으로 신호를 보냈어요. 잠수부 사이에서 공기가 떨어졌다는 신호인데, 한 손가락으로 목을 자르는 시늉을 하는 거예요.

페기는 얼른 내 옆으로 와서 자신의 호흡기를 빼서 나에게 물려 주었어요. 내가 몇 번 호흡을 하게 한 뒤 다시 자기가 호흡하고, 다시 내가 호흡하도록 도왔지요. 그렇게 우리는 호흡기를 번갈아 쓰면서 텍타이트 해저 주택으로 무사히 돌아왔어요. 정말 아찔한 순간이었지요.

7 # 일곱 번째 장면

바다의 대변인

"나는 되도록 많은 사람에게
바다를 존중해야 한다는 메시지를
전달하고 싶었어요."

바닷속에서 살았던 경험은 특별했어요. 세상 사람들이 단 하루만이라도 물속에서 지내 봤으면 좋겠다고 생각했지요. 그러면 분명 모두가 자연스럽게 바다를 존중하게 될 테니까요.

우리 팀이 텍타이트 프로젝트를 마치고 다시 물 위 세상으로 나왔을 때, 사람들은 마치 영웅이 전쟁에서 이기고 돌아온 것처럼 환영해 주었어요. 아무래도 우리가 여자이기 때문에 관심이 더 많이 쏟아진 듯했지요.

"텍타이트 프로젝트에 열 팀이나 참가했는데, 우리 팀만 이런 대접을 받네요."

내무장관이 주는 상을 받으려고 기다리는데 레나테가 속삭였어요.

사실 우리는 이런 특별한 대우가 달갑지 않았지요.

"감사합니다, 저희는 매우 기쁘고 흥분이 되네요."

상을 받은 뒤 나는 우리 팀 대표로 소감을 말했어요.

"텍타이트 프로젝트에 참여했던 해저 연구팀 모두와 이 영광을 함께하고 싶습니다."

나는 우리 같은 과학자들이 아주 많다는 사실을 강조했어요. 하지만 라디오와 신문, 텔레비전에서는 자꾸만 우리를 불러냈지요.

그래서 나는 이 기회를 이용해 정말 중요한 문제들을 말해야겠다고 생각했어요. 바닷속에서 진행되는 연구의 중요성을 세상에 알리고, 바다가 건강해야 우리 인간과 지구상의 모든 생물이 살 수 있다는 사실을 알릴 기회였지요.

한번은 텔레비전 프로그램에 출연했는데, 진행자들은 대중이 흥미로워하는 주제만 다루려고 했어요. 그래서 나는 적당히 질문에 답하면서, 꼭 말해야 할 이야기들을 자연스럽게 덧붙였지요.

예를 들어서, '물속에 있는 동안 생선을 먹었나요?'라는 질문에 막대기 모양으로 만들어진 냉동 생선을 먹었다고 대답하면서, 바닷속 동물들의 개체 수가 피부로 느껴질 정도로 급격하게 줄어들고 있어서 평소에는 생선을 거의 먹지 않는다고 말했어요. '상어를 봤나요?'라는 질문에는 직접 마주친 적은 없지만, 상어 연구가 유지니와 함께 수년 간 일하면서 상어에 대해 흥미로운 사실을 많이 알게 되었다고 대답했지요.

그 뒤로 인터뷰와 미팅 등이 정신없이 이어졌어요. 대부분은 전문가들이 아니라 대중과 만나는 자리여서, 어려운 말을 피하고 되도록 쉽게 말하려고 노력했어요. 내가 전해야 할 것은 복잡한 지식이 아니라 아주 중요한 메시지였으니까요. 나는 되도록 많은 사람에게 바다를 존중해야 한다는 메시지를 전달하고 싶었어요.

1971년에 과학 잡지 「내셔널 지오그래픽(National Geo gra phic)」에서 연락이 왔어요. 우리 파견단이 텍타이트 프로젝트를 진행하면서 겪었던 이야기를 기사로 쓰고 싶다고 했지요.

바닷속에서 찍은 사진이 많지 않았기 때문에 그림으로 표현하기로 했어요. 나는 모델이 되어서 잠수 장비를 모두 갖추고 큰 나무에 사다리를 놓고 올라가 균형을 잡으며 잠수 자세를 취했지요. 삽화가는 다양한 각도에서 내 모습을 관찰하며 열심히 사진을 찍었고, 그 사진을 바탕으로 훌륭하게 그림을 그려 냈지요.

그렇게 멋진 기사가 완성되었어요. 내 기사가 실린 「내셔널 지오그래픽」을 천만 명이나 읽었다고 들었어요. 그 덕분에 나는 꽤 유명해졌어요. 새로운 해저 탐험 프로젝트를 진행할 때마다 내 이름이 가장 먼저 불렸고요.

1975년에는 '존슨 시 링크(Johnson Sea Link)'라는 새로운 잠수함에 타서 탐사 임무를 이끌어 달라고 연락이 왔어요.

이 프로젝트는 특별했어요. 수심 20미터쯤에 해저실험실

(Hydrolab)을 두고, 거기서 존슨 시 링크 잠수함이 분리되어 더 깊이 내려가 탐사할 수 있는 구조였지요. 마치 우주정거장을 오가는 탐사선 같았어요.

나는 아크릴로 만든 공 모양의 존슨 시 링크 잠수함을 타고 더 깊은 바닷속으로 들어갔어요. 잠수함을 움직이는 조종사가 따로 있어서, 고급 택시를 탄 기분이었지요.

잠수함은 잠수부가 공기를 들이마실 수 있는 압력의 최대 한계인 수심 76미터까지 내려갔어요. 거기서 나는 조심스럽게 잠수함 밖으로 나왔지요.

눈앞에 바위벽이 보였어요. 바위벽을 따라 조금씩 이동하는데, 벽 한 부분에 한 번도 본 적 없는 초록색 해초들이 있었지요. 초록색 해초는 수심 90미터 이상에서만 산다고 알려져 있었는데 말이에요.

다음 날 잠수함을 타고 좀 더 깊게 수심 83미터까지 내려가 보았는데, 잠수함 유리창 너머로 어제 본 초록색 해초가 보였어요. 새로운 발견을 한 순간이었지요.

나는 초록색 해초에게 '존슨 시 린키아 프로푼다(Johnson sea linkia profunda)'라는 이름을 지어 주었어요. 존슨 시 링크 잠수함 덕분에 바다 깊숙이 들어올 수 있었기에, 잠수함에게 선물을 주고 싶었거든요.

8 # 여덟 번째 장면

고래와 눈을 맞추다

"제인 구달은
침팬지 무리 속에 살면서
그들의 일상을 관찰하고
한 마리, 한 마리와 친구가 됐죠.
우리도 고래를
그렇게 관찰해야 해요."

　대중과 만나는 자리가 점점 많아졌고, 그 덕분에 새로운 관계를 맺을 기회도 많아졌어요.
　1976년 여름, 뉴욕에서 열린 한 모임에서 고래를 연구하는 로저 페인(Roger Payne)을 만났어요. 로저는 아내와 함께 10년 동안 '혹등고래의 노래'에 관한 연구를 해 왔다고 말했지요.
　"혹등고래가 어떻게 소리를 만들어 내는지 알아내신 건가요?"
　내가 흥미를 가지고 묻자, 로저가 고개를 저었어요.
　"아직 정확하게 알아내지 못했어요. 고래를 연구하면서 잠수를 한 적이 없었거든요. 지금껏 나온 연구 자료는 모두 배 위에서 만들어진 거예요."
　"고래를 물속에서 가까이 관찰한 사람이 아무도 없다고요?"
　로저의 말을 듣자마자 내 몸이 뜨겁게 달아올랐어요. 새로운 모험을 앞두었을 때마다 나타나는 증상이었지요.

"로저, 우리가 해야겠군요. 우리가 고래에게 가야겠어요. 제인 구달(Jane Goodall)도 침팬지를 연구할 때 그랬잖아요. 제인 구달은 침팬지 무리 속에 살면서 그들의 일상을 관찰하고 한 마리, 한 마리와 친구가 됐죠. 우리도 고래를 그렇게 관찰해야 해요. 고래들이 사는 바다로 들어가 가까이서 지켜봐야 해요!"

나는 로저와 함께 의견을 나누고, 계획을 세웠어요. 우리는 무슨 일이 있어도 파견단을 꾸려서 고래들 속에 뛰어들기로 마음먹었지요.

나와 로저는 계획대로 하나하나 실천해 나갔어요. 일단 우리가 연구할 지역의 허가를 받고, 몇 개월 동안 연구를 진행하면서 필요한 돈도 구해야 했지요. 힘들었지만 즐거웠어요. 내가 기획하고 내 손으로 만들어진 첫 번째 프로젝트였거든요.

파견단은 나와 로저, 그리고 로저의 제자 몇 명으로 이루어졌어요. 그리고 사진작가 알 기딩스(Al Giddings)를 불렀지요. 알과는 이전의 파견에서 여러 번 만나 함께하면서 친해졌어요. 고래를 가까이서 촬영하려면 경험이 많은 수중 촬영 전문가가 필요했는데, 알이 가장 먼저 떠올랐지요.

나의 세 딸 엘리자베스와 리키, 게일도 함께하기로 했어요. 특별한 경험을 가족과 나누고 싶었거든요.

우리 파견단은 고래를 관찰하기 위해 따뜻한 하와이의 마우이섬으로 갔어요.

하와이에 도착한 첫날 나 홀로 바닷속으로 뛰어들었어요. 깊은 물속에서 혹등고래를 발견해 기쁜 마음이 들자마자, 바로 문제가 생겼지요. 버스만큼 커다란 혹등고래가 나를 향해 어마어마한 속도로 헤엄쳐 왔거든요.

나는 놀라서 숨을 멈춘 상태로 얼어 버렸어요. 주변에는 몸을 숨길 만한 해초 더미나 바위가 보이지 않았지요. 그대로 혹등고래와 부딪칠 것 같았어요.

그 순간 사람들이 고래를 잔인하게 사냥하는 모습들이 머릿속에 떠올랐어요. 혹등고래가 나를 공격하려는 이유가 충분하다는 생각이 들었지요.

그런데 나와 부딪치기 직전에 혹등고래가 살짝 방향을 틀었어요. 내 몸과 몇 센티미터 정도 거리를 두고 빠르게 비껴 지나갔지요. 눈앞이 온통 짙은 회색으로 덮였다가 순식간에 걷혔어요.

아주 잠깐, 호기심 가득한 눈빛으로 나를 바라보는 고래와 눈이 마주쳤어요. 고래의 눈은 활짝 펼친 내 손바닥만 했지요.

나는 허둥지둥 물 위로 올라와 놀란 가슴을 달래지 못한 채 숨을 헐떡였어요.

혹등고래도 내 뒤를 따라 올라왔어요. 짙은 회색 등이 물 표면에 떠올라 공기 중으로 분수를 내뿜었지요. 그러고는 가벼운 몸짓으로 다시 물속으로 들어갔어요.

물속으로 사라지기 직전에 혹등고래가 다시 한번 내 쪽으로 눈을 돌렸어요. 그때 깨달았어요. 혹등고래는 나를 공격하려던 것이 아니라 그저 내가 어떤 생물인지 살펴보려고 했던 거였어요.

이틀째부터 제대로 고래를 관찰하기 시작했어요. 그런데 놀라운 사실을 알게 되었지요. 고래들이 우리를 찾아다니고 있다는 것을요. 고래를 관찰하러 온 우리가 오히려 고래의 관찰 대상이 된 거였어요.

커다란 고래 그림자 다섯이 배 밑을 지날 때, 나는 뜸들이지 않고 숨을 깊이 들이쉰 다음 바닷속으로 뛰어들었어요. 그러자 혹등고래 두 마리가 우아한 몸짓으로 나에게 다가왔지요. 자세히 보니 그중 한 마리는 전날 나에게 다가왔던 혹등고래였어요. 몸통 전체에 꽃 모양 점이 있어서 바로 알아봤지요.

하루하루를 보내면서 우리는 혹등고래 한 마리, 한 마리를 구별하는 법을 익혔어요. 혹등고래들의 다양한 특성과 습성, 행동을 파악하는 법도 알아냈지요.

혹등고래를 연구하다 보니 로저가 '노래'라고 불렀던 신비로운 소리들은 수컷만 내는 것이고, 암컷에게 구애할 때 내는 소리라는 생각이 점점 확실해졌어요.

사진작가 알은 혹등고래가 노래하는 중요한 순간을 촬영하기 위해 늘 수중 카메라를 들고 내 뒤를 따랐어요. 하지만 혹등고래의 노랫소리가 들려도 어느 쪽에서 나는 것인지 알아채기 쉽지 않았지요. 물속에서는 공기 중에서보다 소리가 더 빨리 이동해서 양쪽 귀에 동시에 전달되기 때문에 어느 방향에서 오는 소리인지 파악하기가 어려웠어요.

조마조마해하다가 드디어 성공했어요. 그날 혹등고래가 노래를 시작했을 때 우리는 운 좋게 물속에 있었거든요. 노래를 부르는 혹등고래가 가까이에, 어깨에 멘 잠수 장비들이 흔들릴 정도로 가까이에 있었지요.

알이 자신의 감각에 따라 오른쪽으로 오리발을 저으며 이동했어요. 노래는 15분 정도 계속되었지요. 나는 백 개의 악기로 이루어진 웅장한 오케스트라 연주를 듣는 것 같은 놀라움에 빠져 그 어떤 것도 알아내지 못했어요.

그런데 알이 해냈어요. 인류 역사상 최초로 혹등고래가 노래를 하는 동안 가까이 다가가 촬영하는 데 성공했지요.

알이 촬영한 영상으로 그동안 우리가 가졌던 궁금증 하나가 풀렸어요. 혹등고래가 소리를 내는 동안 주위에 기포가 없었지요. 그러니까 숨구멍으로 공기를 내보내며 소리를 내는 것이 아니었어요.

혹등고래가 어떻게 노래를 부르는지는 정확히 알아내지 못했지만, 계속 혹등고래와 가깝게 지내다 보면 언젠가 그 비밀을 말해 주지 않을까 생각했어요.

하와이로의 파견은 1977년 1월부터 3월까지였고, 그해 여름에는 추운 알래스카 바다로 갔어요. 알래스카 바다는 혹등고래의 먹이인 크릴새우와 작은 물고기들이 많았지요. 그래서인지 여름마다 혹등고래들이 많이 찾아오는 곳이었어요.

'혹등고래들은 어디서 오는 걸까? 하와이에서 만난 혹등고래들도 알래스카로 올까?'

혹등고래를 연구할수록 질문이 늘었고, 그 질문들에 대한 답을 찾기 위해 노력했어요. 그래서 나와 알은 몇 년간 알래스카 지역에서 고래들을 관찰한 파견단에 들어갔지요.

"고래들이 먹이를 먹을 때 어떤 기술을 쓰는지 한번 보세요. 아마 깜짝 놀랄 거예요."

파견단 단장인 찰스가 자신의 배를 고래들이 모여 있는 바다 한가운데에 멈추며 설명했어요.

"고래들은 물속에서 커다란 원 모양의 기포를 내보내서 크릴새우들이 몰려들게 하고, 좀 더 작은 기포를 내보내 거기에 갇히게 하죠. 그런 다음 물 위로 뛰어 올라와 정확하게 크릴새우들이 갇힌 기포 가운데를 향해 입을 벌리고 돌진해 한꺼번에 삼켜 버려요. 굉장하죠!"

찰스의 말은 과장이 아니었어요.

고래가 물 위로 높이 뛰어올라 입을 크게 벌리고 엄청나게 큰 소리와 함께 물속으로 떨어지는 모습은 정말 대단했어요. 실제로 보고도 믿지 못할 광경이었지요.

나와 알은 하와이의 따뜻한 바다에서 펼쳐진 구애 노래와 짝짓기부터 알래스카의 차가운 바다에서 펼쳐진 멋진 먹이 사냥까지 혹등고래의 삶을 영상으로 고스란히 기록했어요.

두 지역에서 관찰한 혹등고래의 행동은 완벽하게 구분되어 있는 것 같았어요. 하와이에서는 거의 먹지 않았고, 알래스카에서는 한 번도 노래 부르는 소리가 들리지 않았거든요.

수년간 연구를 해 온 찰스는 고래들을 알아볼 수 있도록 이름을 붙였어요. 찰스는 우리에게 고래들을 하나하나 소개해 주었지요.

그중 두 마리가 종종 같이 붙어 다녀서 눈에 띄었어요. 온몸에 동그란 점이 있는 혹등고래는 '스폿'이었고, 지느러미가 톱니 모양인 혹등고래는 '노치핀'이었지요.

우리는 혹등고래들이 계절에 따라 이 바다에서 저 바다로 이동한다고 어느 정도 확신했지만, 과학적 증거는 없었어요.

그런데 1979년 어느 봄날, 스위스 제네바에서 세계자연기금(World Wide Fund For Nature) 사무국에서 중요한 회의를 하고 있을 때였어요. 회의장 문이 열리고 직원 한 명이 나에게 달려와 노란 봉투 하나를 건넸지요.

"전보예요!"

직원이 말했어요.

전보를 보낸 사람은 첫째 딸 엘리자베스였어요. 나는 집에 무슨 일이 생긴 줄 알고 심장이 덜컥 내려앉는 것 같았지요.

다행히 전보는 전혀 다른 내용이었어요. 오히려 기쁜 소식이었지요.

'하와이에서 스폿과 노치핀 발견.'

몇 년간의 연구를 확인시켜 주는 문장이었어요.

회의가 끝나자마자 엘리자베스에게 전화를 했어요.

"찰스 아저씨한테서 전화가 왔어요, 엄마! 그 고래들이 맞대요!"

"굉장한 일이네. 엘리자베스, 알려 줘서 고마워, 잘했어."

참 멋진 소식이었어요.

# 아홉 번째 장면

9

심해에 첫 발자국을 남기다

"우리는 역사를 쓰고 있어요.
달에 처음 간 사람들처럼요."

"실비아, 오후에 집에 있어요? 보여 줄 게 있어요."

늘 차분한 알인데, 웬일인지 목소리가 들떠 있었어요.

"그렇긴 한데, 뭔데요? 우리 연구에 관한 거예요?"

"직접 보세요. 이따 집으로 갈게요."

알과 전화를 마치고 나니까 궁금해서 가만히 앉아 있을 수 없었어요.

나와 알은 '미국지리학협회(National Geographic Society)'에서 해저 탐험의 역사에 관한 책을 준비하고 있었어요. 그래서 혹시 내가 모르는 기술을 발견한 것은 아닐까 추측했지요.

그날 오후 알은 집에 오자마자 자신이 가져온 파일에서 큼직한 사진 한 장을 꺼내 보였어요.

"이게 뭔가요?"

나는 사진을 들여다보며 말했어요.

"이게 '짐 슈트(Jim suit)'라고 하는 건데요. 일종의 잠수함이에요."

알은 다른 사진들도 꺼내며 계속 설명했어요.

"우주복처럼 입는 거예요. 말하자면 한 사람만 탈 수 있는 1인용 잠수함이죠. 어마어마한 물의 압력을 버틸 수 있도록 금속과 세라믹으로 만들어서 무척 무겁기는 해요. 내부는 대기 중의 압력 수준을 유지해 줘서 평소처럼 숨을 쉴 수 있어요. 소매 끝에 달린 두 집게는 안쪽에서 움직일 수 있어 손 같은 기능을 하고요. 환상적이지 않나요?"

"그런데 이게 누구 건가요?"

"오셔니어링인터내셔널(Oceaneering International) 회사 거예요. 석유를 캐기 위해 아주 깊은 수심에서 일해야 하는 사람들을 위해 만들어졌대요. 아주 깊은 수심에서요."

알은 나를 보며 일부러 같은 말을 반복했어요.

"알, 어떻게 할 생각인데요?"

"오셔니어링인터내셔널에서는 짐 슈트를 총 15개 가지고 있는데, 전 세계에 빌려준다고 해요. 상상해 봐요. 어떤 유명한 해양학자가 짐 슈트를 입고 수심 400미터까지 내려가서 멋지게 산책하는 모습을요. 물론 촬영 전문가가 함께해서 기록을 남길 거고요."

알이 한쪽 눈을 찡긋해 보이며 결론을 내렸어요.

정말 기발하고 멋진 생각이었어요.

오셔니어링인터내셔널 회사의 운영진인 필 누이튼(Phil Nuytten)은 나와 알의 제안을 듣고는 아주 기뻐했어요. 곧바로 기술자인 그레이엄 호크스(Graham Hawkes)를 소개해 주었지요.

우리 셋은 그레이엄에게 구체적인 잠수 계획과 함께 짐 슈트에서 수정되었으면 하는 부분을 하나하나 이야기했어요.

"현재는 짐 슈트가 물 위의 배와 튜브로 연결되어 있는데, 그 튜브를 없애야 할 것 같아요."

"그래야 물속에서 자유롭게 움직일 수 있거든요."

필이 설명하고, 내가 정확한 이유를 덧붙였어요.

"그리고 짐 슈트를 오르내려 주기 위해 소형 잠수함을 이용하면 어떨까요?"

알도 열정적으로 거들었지요.

그레이엄이 조용히 우리 세 사람을 바라봤어요. 잠시 뒤에 진지하면서 부드러운 목소리로 물었지요.

"세 분은 괜찮을 거라고 확신하는 거죠? 정말 지금 설명한 일을 하고 싶은 거예요?"

그레이엄은 우리 계획에서 발생할 수 있는 위험 가능성과 문제 해결 방법을 조목조목 따져 보더니, 이렇게 말했어요.

"한번 해 보죠."

그러고는 마치 나를 측정하는 것처럼 뚫어져라 바라봤어요.

실제로 그레이엄은 내 신체 치수를 재고 있던 거였지요.

"먼저 짐 슈트의 크기를 수정해야겠네요. 어느 정도 덩치가 있는 잠수부용으로 만들어진 것이지, 160센티미터의 키에 50킬로그램 정도의 여성 과학자용은 아니라서요."

내 키에 맞춰서 짐 슈트의 다리 부분을 없앴지만, 양팔은 줄일 방법이 없어서 어떤 방식으로든 내가 적응을 해야 했어요.

짐 슈트를 사용하는 법을 배우는 데 몇 주가 걸렸어요. 바다 밑바닥에서는 나 혼자 조작을 해야 하기 때문에 모든 동작을 정확하게 익혀야 했지요. 동작 하나만 잘못해도 목숨이 위험해질 수 있으니까요.

그레이엄는 내가 짐 슈트에 적응할 수 있도록 도와주었고, 문제를 발견하면 바로 고쳐 주었어요.

"무섭지 않나요?"

훈련을 마치기 며칠 전에 그레이엄이 물었어요. 나는 어깨를 한 번 들썩이며 대답했지요.

"우리는 매일 위험을 감수하며 살잖아요. 보통 꽉 막힌 도로에서 자동차를 운전하면서 무섭다는 생각은 하지 않지요. 제 경우는 조금 특별하지만, 그동안 해 온 경험을 믿고 그대로만 하면 될 것 같아요. 그리고 위험하다고 해서 안 할 수는 없지요. 우리는 역사를 쓰고 있어요. 달에 처음 간 사람들처럼요."

드디어 역사적인 날이 밝았어요. 1979년 10월 19일, 하와이의 오하우에서 알이 찍는 카메라 앞에서 인사를 하고 짐 슈트 안으로 들어갔고, 기술자들이 잠수복을 꼼꼼하게 달아 주었지요. 나는 바깥세상과 완전히 차단되었어요.

알은 스타 투(Star II) 잠수함에 올라탔어요. 전문가가 조종하는 스타 투 잠수함은 나와 짐 슈트를 바닷속으로 데려다줄 임무를 맡았지요.

스타 투 잠수함은 짐 슈트를 입은 나를 매단 채 천천히 바닷속으로 들어가기 시작했어요. 깊이 내려가면서 바닷물은 연한 하늘색에서 진한 하늘색으로, 잠시 뒤에는 어두운 파랑색으로 바뀌더니 마지막에는 검정색이 되었지요.

알이 100미터를 내려갈 때마다 나에게 수심을 알려 주었고, 스타 투 잠수함이 바닥에 닿았을 때는 수심 381미터였어요.

"어때요, 실비아? 괜찮아요?"

'굉장해요!'

나는 알에게 그렇게 소리치고 싶었지만 꾹 참았어요. 쿵쾅거리는 심장을 가라앉히고 전문가답게 행동하려고 애썼지요.

"아무 이상 없어요, 알. 짐 슈트의 관절 부위들이 압력을 받아 조금 뻑뻑하지만 운동 좀 시키면 되죠. 저쪽에 산호가 있는 바위벽까지 가고 싶어요."

우리는 어느 바위벽에 도착했어요.

"여기서 멈춥시다."

조종사가 말했어요.

"이제 놓아줄게요. 자유롭게 이동해도 돼요."

알이 나에게 말했어요.

잠수함과 연결되어 있던 장치가 풀리고 나는 앞으로 한 걸음 내딛었어요.

그런데 첫걸음부터 꼬였어요. 짐 슈트의 한쪽 발이 잠수함에 걸렸거든요. 어처구니없는 상황 때문에 우리 임무가 그대로 물거품이 될 것만 같았어요. 그때 잠수함 조종사가 위험을 무릅쓰고 잠수함을 앞뒤로 움직여서 짐 슈트의 발을 빼 주었지요. 정말 다행이었어요.

이제 탐험을 시작할 수 있게 되었지요.

스타 투 잠수함의 조명이 주변 생물들의 호기심을 불러일으켰어요. 아주 작은 붉은 새우들이 달리기 시합이라도 하듯 바삐 움직였고, 게가 양쪽 집게발로 바다맨드라미 다발을 잡고 고양이처럼 부드럽게 이동했지요.

나는 바닷속에서 자유롭게 움직이는 게가 부러웠어요. 지금 내가 입은 짐 슈트의 손 집게로는 주변에 있는 것들을 만지고 느낄 수 없었거든요.

아쉬웠지만 지금 내가 할 수 있는 일에 최선을 다하기로 했어요. 먼저 깊은 물속에 있는 산호들을 채집했지요.

처음에는 짐 슈트가 나에게 너무 커서 불편하다고 생각했는데, 지금 이 순간은 장점이 되었어요. 짐 슈트 안에서 팔을 움직여서 메모를 할 수 있었거든요.

잠시 뒤에 알에게 잠수함의 조명을 꺼 달라고 말했어요. 햇빛이 전혀 들지 않는 깊은 바닷속을 느껴 보고 싶었거든요. 어둠 속에서는 촬영을 할 수 없어서 알이 약간 씁쓸해했지만, 바로 조명을 꺼 주었어요.

그러자 눈앞에 놀라운 풍경이 펼쳐졌어요. 마치 별이 가득한 우주에 떠 있는 기분이 들었지요. 내가 별이라 느낀 것들은 바로 스스로 빛을 내는 바다 생물들이었어요.

내가 사랑하는 탐험가 윌리엄 비비가 책에 묘사했던 바로 그 모습이었어요. 어릴 적 윌리엄 비비의 책을 수백 번 읽으며 지금 이 순간을 꿈꾸어 왔지요. 가만히 바닷속을 지켜보고 있자니 가슴이 벅차올랐어요.

내 아이들과 부모님도 생각이 났어요. 언제나 내 옆에서 내가 하는 일을 이해해 주고 응원해 주는 최고의 가족과 함께 살아서 참 행복하다고 느꼈지요.

나는 마음을 가다듬고 해죽산호를 집중적으로 관찰했어요. 가까이 다가가 양손의 집게로 산호의 끝부분을 벌려 보았지요. 그러자 파란 빛이 위부터 아래까지, 몸통 전체로 번졌어요.

내 머릿속에는 온갖 의문이 떠올랐어요. 이 산호는 어디서 온 걸까요? 언제부터 존재한 걸까요? 물고기들이 옆을 지나가면

산호는 어떤 반응을 보일까요? 내가 건드렸을 때 산호 전체로 퍼지던 그 파란 빛은 무엇일까요?

알아내야 할 것이 너무 많았어요. 아직 한참 남았지요. 바다를 탐험하는 일은 우주 탐험과 비슷하지만 큰 차이가 하나 있어요. 바다에는 분명히 생명체가 살고 있다는 것이지요. 우리가 지구상에서 살아가듯이 바닷속 세상에서도 수많은 생물들이 각자의 방법으로 살아가고 있답니다.

10 # 열 번째 장면

과학자에서
환경운동가로

"바다 쓰레기가 얼마나 많을까요?
인간이라는 존재로
바다 생물들을 만나기가
부끄러웠어요."

짐 슈트 임무는 전 세계 사람들에게 박수를 받았어요. 이 임무에 대한 이야기는 과학 전문 잡지부터 대중적인 잡지까지 거의 다 실렸지요.

나는 인터뷰를 할 때마다 바닷속의 아름다움을 알려 주면서, 우리 인간의 미래는 바다에 달려 있기 때문에 바다에 대해 더 자세하게 연구해야 한다는 이야기도 빠트리지 않았어요.

1980년에는 내가 겪은 경험들을 수백만 명의 사람들과 함께 나눌 수 있었어요.

우선 알과 함께 혹등고래를 촬영한 다큐멘터리 '태평양의 친절한 거인들(Gentle giants of the Pacific)'이 나왔어요. 알과 함께 작업한 책 『깊고 새로운 곳을 탐험하다(Exploring the Deep Frontier)』가 출간되었고, 내가 짐 슈트를 입고 탐사한 모습을 촬영한 알의 영상이 ABC 채널에서 방송되었지요.

그해 5월에, 내 책을 소개하러 워싱턴에 가려고 가방을 싸는

데, 그레이엄에게서 전화가 왔어요.

"안녕하세요, 실비아 박사님. 잘 지내시죠? 내일 워싱턴에 가신다면서요. 같이 아침 식사나 할까요?"

나는 좋다고 말하며, 다음 날 약속을 잡았어요.

그레이엄과 함께한 아침 식사는 아마도 내가 살아온 인생에서 가장 긴 아침 식사였을 거예요. 우리는 자리에 앉자마자 최대한 깊이 잠수하려면 짐 슈트를 어떻게 수정해야 할지를 두고 토론하기 시작했거든요.

"왜 381미터에서 멈춰야 하죠? 더 내려가지 못하는 이유가 뭐예요? 혹시 태평양에 있는 마리아나 해구 아세요? 거기는 바다 깊이가 약 11킬로미터나 된대요. 에베레스트산 높이와 맞먹는 깊이지요. 거기 심해에 간 사람은 딱 두 명인데, 1960년에 '트리에스테(Trieste)' 잠수함을 타고 갔대요. 그 이후에는 아무도 없고요!"

내가 한참을 설명하자, 그레이엄이 진지한 얼굴로 입을 열었어요.

"간단할 것 같지는 않은데요."

"우리가 짐 슈트로 성공을 했다는 건 제대로 된 길로 접어들었다는 뜻이에요! 세상에 아직 탐험하지 않은 곳이 얼마나 많은지 아세요?"

"그럼 하나하나 확인해 볼까요?"

그레이엄은 휴지 하나를 집어 들고 메모할 준비를 하며 말을 이었어요.

"일단 물속의 압력이 제일 큰 문제군요. 강철과 티타늄이 내구성은 강하지만 투명하지가 않지요. 대형 수족관의 수조에 사용하는 아크릴로 시도해 볼 수 있겠네요. 공 모양이면 딱 좋을 것 같은데요."

"어두운 것도 문제예요. 500미터 깊이에서는 아무것도 보이지 않고 어떤 조명도 몇 미터밖에 비추지 못해요."

내가 덧붙이자, 그레이엄이 고개를 끄덕였어요.

"그렇다면 돌고래가 소리를 사용해 먹이를 찾듯이 우리에게도 소리로 물속 장애물이나 해저 상황을 파악할 수 있는 음파 탐지기가 있어야겠군요. 그리고 최대한 산소를 많이 저장할 수 있는 방법도 생각해 볼게요."

"팔 끝의 기계 손도 잊지 마세요. 제가 서명을 할 수 있을 정도로 정교하면 좋겠어요!"

그레이엄은 메모와 잉크 얼룩이 빼곡한 휴지를 뚫어져라 바라보다가 말했어요.

"한번 해 보죠."

우리는 곧바로 작업을 시작했어요.

나와 그레이엄은 '딥오션엔지니어링(Deep Ocean Engineering)'이라는 회사를 차려서 새로운 잠수함을 만들기로 했어요.

작업은 정말 힘들었어요. 열중하다 보니 공학에 대해서도 공부해야 했지요. 회사뿐만 아니라 집에서도 실험과 연구를 계속했고요.

그렇게 4년 뒤에 '딥 로버(Deep Rover)'가 태어났어요.

그레이엄은 기술 책임자로서 딥 로버 잠수함을 직접 타고 최대 잠수 깊이인 심해 914미터까지 내려가 보겠다고 했어요. 잠수를 마치고 무사히 돌아온 그레이엄에게 한 기자가 물었지요.

"이번 목표 달성이 그레이엄 씨에게는 어떤 의미인가요?"

그레이엄은 여느 때처럼 차분하게 대답했어요.

"제가 계산을 정확하게 잘했다는 의미지요."

딥 로버 잠수함의 다음 승객인 나에게 더없이 멋진 뉴스였어요.

나는 투명한 반원 모양의 딥 로버 잠수함을 타고 샌디에이고만에서 바다 밑바닥을 향해 내려갔어요. 바다 생물들을 관찰하며 천천히 내려가다가 수심 1,000미터쯤에서 바닥에 다다랐지요.

바닥에 내려앉자마자 모래 속에서 이상한 것이 눈에 띄었어요. 빛을 받으면 번쩍일 것 같았지요. 심해에 사는 물고기의 커다란 눈이라고 생각했어요. 색깔도 심해에 사는 대부분의 생물처럼 불그스름했거든요. 그런데 가까이 다가가도 그 생물은 꼼

짝도 하지 않았어요. 이상하다고 생각하며 잠수함의 기계 팔을 조작해서 모래 밖으로 끄집어냈지요.

나는 내 눈을 의심했어요. 그건 심해의 물고기가 아니라 콜라 캔이었어요!

그 뒤로 콜라 캔을 열두 개나 더 발견했어요. 그뿐만이 아니었지요. 유리병과 철사 뭉치, 녹슨 금속 상자, 심지어 커다란 난로도 있었어요.

사람들은 바다에 버려지면 눈에 보이지 않으니까 쓰레기가 없어지는 거라고 생각해요. 정말 위험한 생각이지요.

바다 쓰레기가 얼마나 많을까요? 나는 인간이라는 존재로 바다 생물들을 만나기가 부끄러웠어요.

딥 로버 잠수함의 발명은 첫걸음일 뿐이었어요. 그다음 해부터 그레이엄과 함께 더 가볍고 더 깊은 곳으로 내려갈 수 있는 1인용 잠수함을 계속 개발했지요.

그러다가 1990년에 미국 정부의 요청으로 국립해양대기청(National Oceanographic and Atmospheric Administration)의 수석 과학자가 되었어요. 여성으로서는 내가 처음이었지요.

내가 자리에 앉자마자 아주 커다란 환경 문제가 생겼어요. 걸프 전쟁(Gulf War) 때 이라크 군이 페르시아만에 어마어마하게 많은 양의 석유를 쏟아부은 거예요. 상상도 하기 힘든 재앙

이었지요. 나는 환경 문제를 해결하기 위해 정부에 다양한 정책을 내놓았지만, 좋은 결과를 얻지 못하고 실망을 되풀이해야 했어요.

결국 2년 만에 국립해양대기청에서 나왔어요. 바다와 바다에 사는 생물들을 보호하는 일이 얼마나 중요한지를 세상에 알리기 위해 나만의 방법으로 노력하기로 했지요.

11 # 열한 번째 장면

우리의 바다를 지키자

"나는 오랫동안 바다를 여행하고
육지로 올라온 바다 주민으로서,
사람들에게 메시지를 전하기로 했어요.
더 이상 바다는 파랑도 초록도 아니며,
바다가 죽으면 모두 죽는다는 사실을요."

나는 해양 과학자로서, 그리고 해양 환경운동가로서 바다를 보호하기 위해 계속 힘썼어요.

그러던 중 2009년 2월 18일, '테드 상(TED prize)'의 수상자로 뽑혀 강연을 하게 되었어요. 해마다 세 명의 인물이 테드 상을 받고, 그 인물들은 세계 미래를 위한 바람을 18분 동안 강연하지요.

나는 내 생각을 전 세계로 전해 줄 비디오카메라 앞에서 이야기할 거예요. 영상은 누구나 언제든 볼 수 있는 기록으로 남을 거고요.

물 한 병을 손에 들고 회전의자에 앉아 내 차례를 기다렸어요. 유리창을 바라보는데, 내가 살아온 인생이 보이는 것 같았어요.

나는 평생 바다에 대한 열정을 쫓으며 살았어요. 6,000시간 이상 잠수하면서 놀랍고 신비로운 바닷속 생명들을 만났지요.

고래와 돌고래, 상어와 함께 수영도 했고, 물고기들이 낮과 밤에 어떻게 생활하는지, 심해의 생물들은 어둠 속에서 어떻게 살아가는지도 관찰했어요.

하지만 더불어 그 세월 동안, 바다가 어떻게 바뀌었는지도 보았어요. 산호벽이 사라지고, 북극의 빙산이 녹고, 바다 포유류와 거대 어류들이 사냥꾼들한테 죽임을 당하는 모습을 보았지요.

나는 오랫동안 바다를 여행하고 육지로 돌아온 바다 주민으로서, 사람들에게 메시지를 전하기로 했어요. 더 이상 바다는 파랑도 초록도 아니며, 바다가 죽으면 모두 죽는다는 사실을요.

이번에는 손에 든 물병으로 눈을 돌렸어요. 나는 우리가 마시는 모든 물과 우리가 숨 쉬는 모든 공기가 바다와 연결되어 있다고 생각해요.

잠시 후 사람들이 나를 불렀어요. 이제 마이크 앞에 설 시간이 되었어요. 나는 다시 한번 이 말을 되풀이했어요.

'더 이상 바다는 파랑도 초록도 아니에요.'

나는 테드 상의 상금으로 10만 달러를 받았어요. 그 돈으로 전 세계에 바다 보호 구역을 만들고, 바다의 건강을 지키고 보장하기로 했지요. 바로 '미션 블루(Mission Blue)' 재단을 만들어서요.

미션 블루는 세계 곳곳에 위치한 바다에 관한 소식을 전해 주고, 누구나 쉽게 기부 등으로 해양 보호에 참여할 수 있도록 도와줘요.

나는 지금껏 바다에 호기심을 가지고 공부했고, 알아갈수록 바다를 사랑하게 되었어요. 그리고 바다를 사랑하게 되니까 존중하는 마음이 생겼지요.

나는 바다의 대변인으로서 모두에게 이 말을 전하고 싶어요. 지금 우리와 미래 자손들의 생명을 구하려면 바다를 존중해야 한다고요. 앞으로도 계속 이 말을 전할 거예요.

많은 자리에 서서 강연을 하고 인터뷰를 했는데, 이번에는 내 인생을 책으로 만들고 싶다는 연락을 받았어요.

"언제부터 바다를 좋아하셨나요?"

인터뷰를 맡은 작가가 나에게 첫 질문을 던졌어요. 나는 미소를 지으며 입을 열었어요.

"나는 언제나 물이 좋았어요."

부록

장면 밖 이야기

★ 실비아 얼을 만나다
★ 10가지 과학 키워드로 보는 실비아 얼의 삶

실비아 얼을 만나다

과학자를 꿈꾸는 아이들에게 힘이 되는 경험을 이야기해 주세요.

실비아 얼 : 바다를 처음 만난 것은 세 살 때였어요. 해변에 서 있는 조그만 나에게 갑자기 커다란 파도가 들이닥쳤지요. 하지만 나는 파도가 하나도 무섭지 않았어요. 오히려 바다가 내 관심을 끌려는 듯 보였지요. 그 뒤로 자연스럽게 바닷속 세상에 빠져들었어요.

"자신이 모르는 세상을 두려워하지 말아요. 용기와 호기심을 가지고 새로운 세상과 소통해 봐요. 그렇게 과학자의 길로 접어들게 되는 것이지요."

훌륭한 과학자는 끊임없이 궁금해하고, 끊임없이 질문을 해야 해요. 그래야 제자리에 멈추지 않고 앞으로 나아갈 수 있지요. 나는 지금도 새로운 곳을 탐험하고 새로운 사람들을 만나며 배우고 있어요. 어린이 여러분도 배우는 즐거움을 마음껏 누리며 멋지게 성장하길 바라요.

 요즘 많은 여성들이 중요한 자리에서 활동하지만, 아직도 편견과 차별을 겪고 있어요. 두렵고 힘들어서 도전을 꺼리는 여자아이들에게 어떤 말을 들려주고 싶은가요?

실비아 얼 : 나는 단 한 번도 여자이기 때문에 과학자를 할 수 없다고 생각한 적 없었어요. 심지어 임신 5개월째에 깊은 바닷속에 잠수한 적도 있고요. 텍타이트 프로젝트를 진행할 때는 남들이 여자라서 불가능하다고 여긴 일을 여자 과학자끼리 똘똘 뭉쳐서 훌륭하게 해냈지요.

나는 누구에게나 하고 싶은 것을 하라고 응원해 줘요. 안 그러면 남의 꿈을 이루어 주느라, 남의 말만 듣느라 평생을 보낼 수 있어요.

"여러분에게 꿈이 있다면, 그 꿈을 이룰 방법에만 집중해요. 사람들이 불가능하다느니, 어리석은 일이라고 말하든 말든 신경 쓰지 말아요."

이제부터 여러분이 좋아하는 것을 찾아요. 정말 바라는 무언가에서 절대 눈을 떼지 말아요.

? 바다를 보호하자는 메시지를 전하기 위해 1년 가운데 300일을 강연한다고 들었어요. 사람들이 살아가는 데 왜 바다가 중요할까요?

! **실비아 얼 :** 우리가 마시는 물 한 방울, 들이마시는 공기 한 줌까지 모두 바다와 연결되어 있어요. 대기권에 있는 대부분의 산소는 바다에서 만들어져요. 그리고 바다에서 증발된 물이 구름을 형성하고, 다시 비와 눈이 되어 땅과 바다로 내려가 생물들에게 물을 제공하지요. 모든 생물은 물 없이 살 수 없어요. 그런데 지구상에 있는 물의 97퍼센트는 바다이지요. 바다가 사라지면 생물도 살 수 없답니다.

대부분 바다는 아주 넓어서 쉽게 망가지지 않을 거라고 생각해요. 하지만 사람들은 끊임없이 바다에 쓰레기를 버렸고, 끊임없이 바닷속 자원을 빼앗았어요. 그렇게 바다 생태계가 스스로 재생할 수 있는 시간보다 더 빠른 속도로 바다는 망가지고 있지요.

"이제 사람들은 바다가 건강을 회복할 수 있도록 적극적으로 도와야 해요. 바다의 건강은 곧 우리의 건강과 연결된다는 것을 알아야 합니다."

 바다를 지키기 위해 우리는 무슨 일을 할 수 있을까요?

실비아 얼 : 우리가 올바른 선택을 하기 위해서는 '지식과 이해'가 필요하다고 생각해요. 잘 알게 되면 관심이 생기고, 관심이 생기면 잘못된 점을 고치고자 노력하게 되거든요.

그러니까 밖으로 나가 탐험을 해요. 연못이나 강, 바다 등 어디든 상관없어요. 물속에서 생물들이 어떻게 살아가고 있는지 관찰해 봐요. 그리고 여러분이 보고 느낀 것을 주변 사람들과 함께 나눠요. 사진을 찍거나 영상을 만들어도 좋아요. 일기처럼 기록해도 되고요.

"물속 생물들에 관심을 가지다 보면 자연스럽게 그 생물들을 보호하고 싶은 마음이 생길 거예요."

"플라스틱 사용을 줄여요."

장을 볼 때 비닐봉지 대신에 장바구니를 쓰고, 일회용품을 쓰지 않도록 노력해요. 플라스틱 사용을 줄인다면, 바다에 버려지는 쓰레기가 지금보다 훨씬 줄어들 거예요.

! 여러분이 먹는 생선이 어디서 온 것인지 생각해 봐요. 대부분은 바다에서 온 생물들이랍니다. 바다를 건강한 상태로 되돌리기 위해서는 개체 수가 점점 줄어드는 바다 생물도 걱정해야 해요. 그렇다고 바다에서 나는 생물을 아예 먹지 않을 수는 없지요.

"지금껏 한 끼에 생선 한 마리를 먹었다면, 이제부터 다양한 채소를 곁들여서 반 마리만 먹어 보면 어떨까요?"

더불어 음식을 남기지 않도록 신경 쓴다면 음식물 쓰레기도 줄어들 거예요.

! "되도록 유기농 식품을 먹어요."

화학 비료나 농약을 쓰면 그 유해 성분들이 수로를 통해 결국은 바다로 흘러가게 되고, 바다가 오염되지요. 유기농 식품은 그런 걱정을 줄일 수 있어요.

! 자동차가 내보내는 온실가스 때문에 기후 변화가 생기고, 기후 변화 때문에 바닷물의 온도가 올라가고 산성화되면서 바다 생태계가 망가지고 있어요. 그러니까 자동차를 덜 이용해 봐요.

"가까운 거리는 걷거나 자전거를 타요. 그리고 최대한 버스나 지하철 같은 대중교통을 이용해요."

10가지 과학 키워드로 보는 실비아 얼의 삶

윌리엄 비비

과학자 윌리엄 비비는 기술자인 오티스 바턴과 함께 '배시스피어'라는 잠수함을 만들어서, 1930년에 처음으로 수심 900미터 이상 내려가 심해를 탐사했어요. 햇빛이 들지 않는 어두운 바닷속에서 생물들이 스스로 빛을 내며 살아가는 모습을 보고, 자기 책에 글과 그림으로 실어 세상 사람들에게 소개했지요.

1935년에 태어난 실비아 얼은 어린 시절 윌리엄 비비의 책을 보며, 깊은 바닷속을 탐험하겠다는 꿈을 키웠어요.

자크 쿠스토

1943년에 탐험가 자크 쿠스토는 발명가 에밀 가냥과 함께 공기통과 수중 호흡기를 연결한 애퀄렁(Aqualung, 수중폐)을 개발했어요. 애퀄렁은 물속에서 자유롭고 편안하게 헤엄칠 수 있도록 한 혁신적인 잠수 장비예요. 애퀄렁은 지금의 '스쿠버'로 발전해서, 해저 탐험뿐만 아니라 많은 사람들이 스쿠버 다이빙을 즐길 수 있게 되었고, 바다에서 사고가 났을 때 구조 활동에도 쓰인답니다.

1953년 실비아 얼은 애퀄렁을 착용하고 잠수를 제대로 배우기 시작했어요.

해양생물학

바다 생물과 그 바다 생물들이 살아가는 환경을 연구하는 과학 분야예요.

1954년 실비아 얼은 플로리다주립대학교에 입학해서 해양생물학을 공부하기 시작했어요. 특히 해초에 관심이 많았고, 멕시코만에 사는 바다 식물 수만 종을 채집하고 분류해서 목록을 만들었지요.

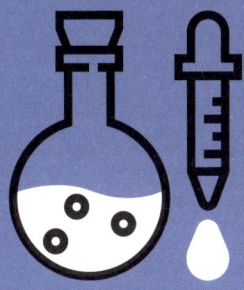

유지니 클라크

어류 과학자인데, 특히 상어 전문가로 유명했어요. 유지니 클라크가 열심히 연구한 덕분에 상어는 배우고 기억할 수 있으며, 색과 형태를 구분할 수 있는 똑똑한 동물이라는 사실이 널리 알려졌지요. 게다가 유지니 클라크는 세계 최초로 상어를 훈련시키는 데 성공했답니다.

1968년 실비아 얼은 '딥 다이버' 잠수함을 타고, 수심 38미터까지 내려가 한 시간 반 동안 바닷속에 있었어요. 이때 임신 5개월째였는데, 유지니 클라크의 응원으로 이 프로젝트에 참여할 수 있었지요.

나사

1958년에 만들어진 미국항공우주국, 나사(NASA)는 우주를 개발하고 연구하는 미국 정부 기관이에요. 우주선과 인공위성을 만들어서 쏘아 올리고, 우주 비행사를 길러 내는 등 다양한 우주 활동을 하고 있어요. 또한 우주 탐사기를 통해 우주를 과학적으로 분석하고 관측해요.

1970년 실비아 얼은 나사를 중심으로 다양한 정부 기관과 기업이 함께 진행한 텍타이트 프로젝트에 참여해서 2주 동안 바닷속에서 생활했어요. 이때 여성 과학자로만 팀을 꾸려서 훌륭하게 임무를 해냈지요.

혹등고래의 노래

고래를 연구하던 로저 페인이 1967년에 혹등고래가 노래한다는 사실을 처음 발견했어요. 몇 년간 수중 마이크를 들고 혹등고래를 쫓아다니며 그 소리들을 녹음해서 모았고, 1970년에 '혹등고래의 노래'라는 음반을 발표했지요. 이 음반 덕분에 전 세계적으로 고래를 보호하자는 운동이 펼쳐졌어요. 그 뒤로 계속 연구한 결과, 혹등고래의 노래는 짝짓기철에 수컷이 내는 소리였다는 사실이 밝혀졌답니다.

1977년 실비아 얼은 로저 페인과 함께 혹등고래를 연구하기 위해 하와이로 갔어요. 그때 수중 촬영 전문가 알 기딩스와 함께 혹등고래가 노래하는 영상을 촬영하는 데 성공했어요.

심해어

1979년 실비아 얼은 1인용 잠수함인 짐 슈트를 입고, 세계 최초로 수심 381미터에서 두시간 반을 거닐었어요. **1982년**에는 기술자 그레이엄 호크스와 함께 딥오션엔지니어링 회사를 차리고 딥 로버 등 더 깊은 바닷속을 탐사할 수 있는 잠수함을 개발했어요.

수심 200미터 이상의 깊은 바닷속에서 사는 어류를 심해어라고 해요. 심해어들은 빛이 들지 않는 어두운 바닷속에 살기 위해 스스로 빛을 내는 기관을 가지고 있어요. 그리고 아주 약한 빛이라도 잘 모으기 위해 눈이 큰 편이지만, 눈이 아예 없는 경우도 있지요. 심해에는 먹이가 적기 때문에 오랫동안 먹지 않아도 살아남기 위해 위가 아주 큰 편이랍니다.

국립해양대기청

1990년 실비아 얼은 여성 최초로 국립해양대기청의 수석 과학자가 되었어요. 하지만 해양 보호에 대해 정부에서 큰 관심을 보이지 않는다고 생각해서 2년 만에 그만두고, 스스로 환경 보호 활동을 하기로 마음먹었어요.

국립해양대기청은 지구의 해양과 대기 생태를 조사하고 예측하는 미국 정부 기관이에요. 태풍, 홍수, 폭풍 등 자연 재해에 피해를 입지 않도록 예보하고 경고해 주며, 바다 생태계를 보호하는 데 힘쓰고 있어요.

미국지리학협회

1888년에 설립한 미국지리학협회는 탐험과 환경 보호를 위해 프로젝트를 지원하고, 캠페인을 여는 등 전 세계에서 활동을 하는 단체예요. 특히 탐험, 문화, 동물, 역사 등 다양한 주제를 다루는 과학 잡지 「내셔널 지오그래픽」을 매달 출간하고 있지요.

1998년부터 실비아 얼은 미국지리학협회의 전속 탐험가로 활동하면서 국립해양보호구역을 연구하고 탐사하는 데 앞장서고 있어요.

미션 블루

미션 블루에서 가장 중심이 되는 활동은 '호프 스폿(Hope Spots)'으로, 세계 곳곳에서 바다를 지키기 위해 힘쓰는 개인이나 단체를 찾아내서 권한을 주고 지원해 줘요.
실비아 얼은 이런 해상 보호 구역을 통해 바다가 건강해지길 바라고 있어요. 지구의 푸른 심장이라 불렸던 예전의 모습으로 말이에요.

2009년 실비아 얼은 바다를 탐사하고 보호하기 위해 테드 상으로 받은 상금으로 미션 블루 재단을 만들었어요.

'우리의 바다를 지키자!'라는
메시지가 담긴
실비아 얼의 TED 강연을
함께 봐요!

옮긴이 **김현주**
한국외국어대학교 이탈리아어과를 졸업하고, 이탈리아 페루지아 국립대학과 피렌체 국립대학 언어 과정을 마쳤습니다. EBS의 교육방송 일요시네마 및 세계 명화를 번역하고 있으며, 현재 번역 에이전시 하니브릿지에서 출판 기획 및 전문 번역가로 활동하고 있습니다. 『소에게 친절하세요』 『나몰라 아저씨, 여기서 이러시면 안 돼요!』 『씨앗이 있어야 우리가 살아요』 등 여러 책을 우리말로 옮겼습니다.

여성 해양학자 실비아 얼의 생각
바다를 존중하세요

초판 1쇄 2018년 6월 30일 | 초판 9쇄 2025년 10월 20일

글쓴이 키아라 카르미나티 | **그린이** 마리아키아라 디조르조 | **옮긴이** 김현주 | **추천** 이은희
펴낸곳 책속물고기 | **출판등록** 제2021-000002호
주소 서울특별시 영등포구 양평로 157, 1112호
전화 02-322-9239(영업) 02-322-9240(편집) | **팩스** 02-322-9243
전자우편 bookinfish@naver.com | **카페** http://cafe.naver.com/bookinfish
인스타그램 @bookinfish | **콘텐츠 프로바이더** 와이루틴
ISBN 979-11-6327-000-3(73990)

*이 책의 내용을 쓰고자 할 때는 저작권자와 출판사 양측의 허락을 받아야 합니다.
*잘못된 책은 바꾸어 드립니다.
*값은 뒤표지에 있습니다.

 품명 아동 도서 | **사용연령** 10세 이상
주의사항 ⓞ 종이에 베이거나 긁히지 않도록 조심하세요. ⓞ 책 모서리가 날카로우니 던지거나 떨어뜨리지 마세요.
KC마크는 이 제품이 공통안전기준에 적합하였음을 의미합니다.

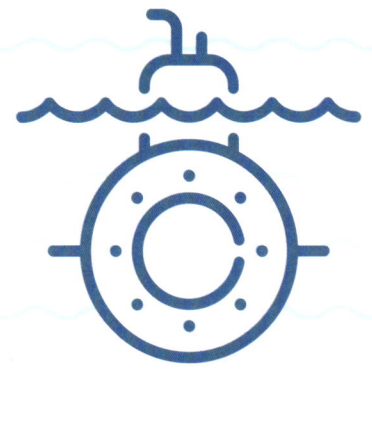

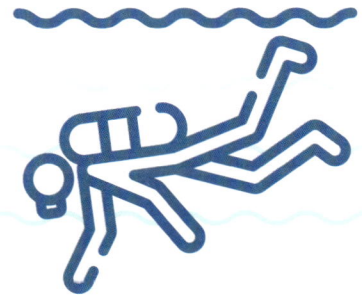